B. H. GAUSSERON

LA VIE EN FAMILLE

COMMENT

VIVRE À DEUX ?

Bernard-Marie-Henri Gausseron
(1845-1913)

La vie en famille

comment

vivre à deux ?

1891

Publié par

Omnia Veritas Ltd

Omnia Veritas

www.omnia-veritas.com

CHAPITRE PREMIER

Deux moitiés font un entier 1

CHAPITRE II

À la découverte 23

CHAPITRE III

Les ennemis 35

CHAPITRE IV

Miel et fiel 63

CHAPITRE V

Sables mouvants 77

I *97*

II *100*

III *102*

CHAPITRE VI

Craquements et ruine 131

CHAPITRE VII

Ce qui lie soutient 141

CHAPITRE VIII

Aimer et croire 173

CHAPITRE IX

Le nerf de la guerre 189

CHAPITRE X

Le ministère des affaires étrangères 233

CHAPITRE XI

La fée du foyer 247

CHAPITRE XII

La grande joie 277

CHAPITRE XIII

Les hémisphères de Magdebourg 289

CHAPITRE XIV 303

HOME ! SWEET HOME ! 303

Chapitre premier

Deux moitiés font un entier

Le lecteur qui nous a suivi bienveillamment dans le cours de ces études de morale pratique et familière, sait ce que nous pensons sur la question du mariage.[1] Nous n'y revenons ici que comme entrée en matière et pour mémoire. Il serait, en effet, assez oiseux de rechercher les conditions de la vie heureuse à deux, si l'on n'avait, au préalable, acquis la conviction que ni l'homme, d'un côté, ni la femme, de l'autre, ne sont faits pour vivre seuls. Or cette vie à deux—homme et

---

[1] Voir *Doit-on se marier ?* publié chez Omnia Veritas Ltd – www.omnia-veritas.com

femme—c'est justement, avec toutes les différences, profondes et troublantes parfois, qu'y apportent les climats, les races, les religions et les degrés de civilisation,—le mariage.

Il y a deux manières bien tranchées de le considérer, ou plutôt d'en parler. Les uns y cherchent matière à raillerie, et, rééditant avec constance des plaisanteries et des satires aussi vieilles que l'institution, font de l'esprit ou de l'*humour* à bon marché. Les autres le prennent pour ce qu'il est, c'est-à-dire pour l'élément primordial et constitutif de nos sociétés.

Les premiers, d'ailleurs, ne s'en marient pas moins que les seconds.

Sans nous attarder aux plaisanteries et gausseries dont le thème général et les données ordinaires sont connus de tous, nous citerons, comme spécimen plus rare, une boutade d'Anglais atrabilaire recueillie dans le *Spectator*:

« Je ne trouve, dit l'écrivain, dans cette première partie du siècle dix-huitième, que deux couples qui aient réussi: le premier est un capitaine de navire et sa femme qui, depuis le soir de leur mariage, ne se sont plus vus du tout. Le second est un honnête couple du voisinage ; le mari, homme d'un bon sens solide et un peu vulgaire, d'un tempérament paisible: la femme, muette. »

Ceci n'est donné que comme un fait d'observation. Mais la conséquence en découle tout naturellement, et l'on a vite fait de la formuler en loi.

« Est-ce qu'il y a du mal à aimer son mari ? » demande, dans une comédie de la même époque, une jeune femme à l'indispensable marquis. Et le marquis de répondre: « Du moins, il y a du ridicule. A la cour, un homme se marie pour avoir des héritiers, une femme pour avoir un nom, et c'est tout ce qu'elle a de commun avec son mari.[2] »

Ces deux moitiés-là ont beau se rapprocher: elles ne sauraient évidemment constituer un tout. Une demi-poire et une demi-pêche ne feront jamais un fruit complet.

Un autre critique à prétentions moralisantes ne va pas jusqu'à nier que, dans l'union conjugale, l'homme et la femme ne se doivent l'un à l'autre. Mais il fait une remarque qui mérite d'autant plus d'être signalée qu'elle a été refaite plus tard par un des plus fameux théoriciens de l'avenir.

« Je n'ai point, dit-il, connu de mari qui ne fût plus ou moins touché de la mort de sa femme.

---

[2] D'Allainval: *L Ecole des Maris*. 1728.

Les plus impérieuses et les plus acariâtres sont presque toujours celles qu'on regrette le plus: on ne s'en console point. L'humeur et la patience des hommes ont vraisemblablement besoin d'être exercées. La perte d'une femme douce et compatissante ne laisse pas le même vuide.[3] »

De même Stendhal: « En France, les hommes qui ont perdu leur femme sont tristes; les veuves, au contraire, gaies et heureuses. Il y a un proverbe parmi les femmes sur les félicités de cet état. » Et il conclut: « Il n'y a donc pas d'égalité dans le contrat d'union. »

On voit avec les yeux qu'on a, et ce qui paraît bleu au grand nombre semble rouge à quelques-uns. Pour mon compte, j'ai

---

[3] *Doutes sur différentes opinions reçues dans la Société.* N^{lle} éd. Londres et Paris, 1783, 2 vol. in-16.

rencontré au moins autant de veuves désolées que de veufs accablés de regrets. Je crois même que, lorsque le veuvage survient après plusieurs années de ménage, si l'impression ressentie diffère selon les sexes, c'est chez la femme qu'elle est le plus durable. Je ne parle, est-il besoin de le dire, ni des écervelées, ni des névrosées, ni de celles qui se font appeler les *grandes mondaines* par les journaux.

Il est des esprits plus sérieux, qui ne discutent pas les mérites, la nécessité physique et sociale de la vie à deux, mais qui reculent devant le mariage à cause de son caractère perpétuel, de son indissolubilité.

« Le mariage, dit Selden, est une affaire désespérée: les grenouilles, chez Esope, étaient extrêmement sages: elles avaient bien envie d'un peu d'eau, mais elles ne voulaient pas sauter dans le puits, parce qu'elles n'auraient plus été capables d'en sortir. »

Il n'entre point dans notre plan d'examiner ici cette question. Mariage religieux, mariage civil, union libre même avec les garanties que les enfants et la société peuvent réclamer : séparation, annulation, divorce,—toutes ces formes diverses de consécration ou de dissolution de la vie à deux ne sont pas ce qui nous occupe. Nous n'avons qu'à répondre ce que répondait naguère M. Alexandre Dumas à un journal anglais : « Le mariage étant un acte qui dépend absolument de la volonté des individus, que ceux qui veulent se marier se marient ; que ceux qui ne veulent pas se marier ne se marient pas. Quant à ceux qui ont été mal et malgré eux mariés, disent-ils, le divorce existant dans tous les pays régis par la loi civile et l'annulation du mariage dans tous les pays régis par la loi ecclésiastique, qu'ils fassent rompre leur mariage par la magistrature ou qu'ils le fassent annuler par l'Église. Comme c'est simple ! »

Ce n'est peut-être pas tout à fait aussi simple qu'il plaît au grand écrivain de le dire ; mais, enfin, c'est la vérité.

On raconte que Socrate ayant fait un discours sur le mariage, tous les célibataires dans l'auditoire prirent la résolution de se marier à la première occasion, et tous les hommes mariés montèrent immédiatement à cheval pour se rendre auprès de leurs femmes au galop.

Et Socrate est un des plus fameux mal mariés dont l'histoire fasse mention.

Ce doit être sous le coup de quelque discours ou objurgation semblable que le rédacteur du *Tattler* écrivait: « Ce ne serait pas une mauvaise chose que le vieux célibataire, qui vit dans le mépris du mariage, fût obligé de donner sa dot à la vieille fille qui est disposée à y entrer. »

C'est ce que chantait Thérésa:

Nous voulons un impôt
Sur les célibataires !

Le caustique Chamfort ne voit point de moyen de guérir le mal du mariage ; il est de l'avis d'Arlequin dans la farce italienne, lorsqu'il dit, « à propos des travers de chaque sexe, que nous serions tous parfaits si nous n'étions ni hommes ni femmes. »

Il est piquant d'entendre *il signore Arlequino* souhaiter à tous d'être changés en Auvergnats.

Le même Chamfort rapporte ce mot, qui a dû être repris depuis, pour servir de légende à quelque caricature de journal pour rire:

« Vous bâillez, disait une femme à son mari.— Ma chère amie, lui dit celui-ci, le mari et la femme ne sont qu'un, et quand je suis seul, je m'ennuie. »

Cela ne prouve pas en faveur de l'esprit du personnage. On ne s'ennuie guère que dans la compagnie d'un sot. Mais nous touchons ici, à travers l'enveloppe d'une assez grossière ironie, la véritable formule de la vie à deux. Vivre à deux c'est se compléter, se fondre, s'unir, en un mot, c'est-à-dire n'être qu'un.

Aussi n'est-il pas étonnant que le mariage, l'union légale et quasi indissoluble de l'homme et de la femme, ait été si souvent comparé à la fois au paradis et à l'enfer:

« Nous voyons bon nombre de gens tant heureux à ceste rencontre, dit Rabelais, qu'en leur mariage semble reluire quelque idée et représentation des joyes du paradis. Autres y sont tant malheureux, que les diables qui tentent les hermites par les desers ne le sont davantage. »

« Que pensez-vous du mariage ? » dit la duchesse de Malfy dans une pièce de Webster ; et Antonio répond :

« Je le considère comme ceux qui nient le purgatoire ;
il contient, ou le ciel, ou l'enfer ;
il n'y a point un troisième lieu en lui. »

Le risque est gros à courir, à moins qu'il n'y ait là quelque exagération, comme il arrive fréquemment aux imaginations vives qui, d'un bond, vont de l'une à l'autre extrémité d'un sujet. Il me semble bien que l'atmosphère conjugale n'est pas toujours et exclusivement ou éblouissante de soleil, ou bouleversée par la tempête. Il y a des temps gris et doux, qui ne sont pas les moins agréables, au goût de bien des gens.

« Je suis marié, j'ai près de cinquante ans, ma femme en a vingt-cinq, dit M. Guizot, dans l'ouvrage posthume intitulé : *Le Temps passé* ;

point de commentaire, je vous prie ; nous sommes des gens raisonnables et heureux, cela n'est pas si rare qu'on le pense. »

Il faut croire que le tableau de ce bonheur serait moins fidèlement peint en couleurs éclatantes qu'en grisaille.

Quoi qu'il en soit, on ne peut que se ranger à l'avis du *vicaire* de Goldsmith, lequel pensait « que l'honnête homme qui se marie et élève une nombreuse famille rend plus de services que celui qui reste célibataire et se contente de parler de la population. »

Malthus ferait des objections et des calculs. Mais qui est-ce qui croit aujourd'hui aux objections et aux calculs de Malthus, hors ceux que leur intérêt de caste ou leur égoïsme personnel entraîne à y croire ?

Le vieux proverbe part d'un point de vue moins général, mais non moins pratique, lorsqu'il dit:

De bonnes armes est armé
Qui à bonne femme est marié.

Et comme rien n'est malicieux comme la sagesse des nations, le vieux proverbe ajoute:

Tel homme, telle femme ;

montrant ainsi que c'est à l'être le plus fort de former le plus faible, et que, dans le ménage, le rôle d'éducateur appartient au mari. Il y a, d'ailleurs, réciprocité, et ce que la force—j'entends l'énergie de caractère—de l'homme doit faire sur la femme, la douceur de la femme le doit faire sur l'homme. « Quand la femme traite bien son mari, il en vaut mieux.[4] »

Cette action mutuelle est trop évidente pour qu'il soit nécessaire d'y insister. Mais elle est trop intéressante aussi pour que les moralistes et les sociologues—excusez le mot—ne l'aient pas étudiée sous tous ses aspects et dans tous ses effets. L'évêque Landriot a dit avec un vrai bonheur d'expression:

« Le frottement du caractère de la femme sur celui de l'homme imite l'action de la pierre ponce: il enlève les aspérités, il polit. »

Ailleurs, en ces termes pompeux qu'affectionne l'éloquence de la chaire, mais avec beaucoup de justesse et de netteté, il fait le départ entre le rôle de l'homme et celui de

---

[4] *Encyclopédie des Proverbes.*

la femme dans le mécanisme de la vie à deux. « A l'homme la force, dit-il, le courage et une certaine austérité dans l'intérieur de la famille. Cette austérité, je n'en veux pas dire de mal, car elle est nécessaire, et sans elle la famille se dissoudrait dans un excès de molle bonté ; mais elle ne suffit pas, et son complément est dans le cœur et sur les lèvres de la femme. Quand le mari fait entendre cette voix pleine d'autorité qui met partout le mouvement et la vie, la femme arrive et, comme l'huile de suavité, elle se glisse à travers les rouages, elle adoucit les frottements, elle facilite l'exécution... A une parole énergique et paternelle, elle joint un conseil de mère, un mot de son cœur, un regard affectueux ; et cette sage combinaison d'efforts continus fait que tout va bien dans la famille. »

C'est ce que madame Necker avait essayé d'exprimer, sans pouvoir éviter une subtilité et une sécheresse aussi peu propres à convaincre qu'à persuader. Voici la phrase : « Pour ajouter aux synonymes *mener* et *conduire*, il me semble qu'on pourrait dire: dans un ménage bien assorti, la femme doit *mener* et le mari doit *conduire*; l'un tient au sentiment et l'autre à la réflexion. »

Quelle que soit la forme donnée à la pensée, le fond en est toujours le même: la femme et l'homme sont nécessaires l'un à l'autre. De même qu'il faut que deux nuages se rencontrent pour que se dégage de chacun d'eux l'électricité qu'ils renferment, de même les énergies, les puissances, les qualités de l'homme et de la femme ne se manifestent en leur plein que lorsqu'ils sont unis et qu'ils s'influencent mutuellement.

« Une femme n'est jamais par elle-même tout ce qu'elle peut être, dit Ch. de Rémusat; il importe à sa perfection qu'elle soit aimée et qu'elle soit heureuse. »

Heureuse dans son amour et par son amour,—cela ne va-t-il pas de soi ?

Ce n'est pas à dire, répétons-le, que le mariage ait en soi, et indépendamment de toute circonstance extérieure et de tout effort personnel, la vertu de donner à chacun des époux réunis ce qui lui manquait lorsqu'il était seul. C'est une condition—la meilleure, sans doute—pour l'acquérir ; mais là encore nous sommes les artisans de notre propre bonheur. Aussi H. Raisson dit-il fort justement: « Le mariage donne de l'étendue ou à notre bonheur ou à nos misères. » Addison l'avait dit avant lui:

« Le mariage agrandit le théâtre de notre bonheur et de nos misères. Un mariage d'amour est agréable ; un mariage d'intérêt commode ; et un mariage où les deux choses se rencontrent, heureux. Un heureux mariage a en soi tous les plaisirs de l'amitié, toutes les jouissances du bon sens et de la raison, et, de fait, toutes les douceurs de la vie. »

Un des plus anciens et des plus nobles dépôts de la sagesse humaine chez les hommes de notre race, le livre des Védas, contient cette maxime: « L'homme n'est complet que par la femme, et tout homme qui ne se marie pas dès l'âge de la virilité doit être noté d'infamie. » Il dit encore: « La femme est l'âme de l'humanité. » Belle parole qui, comme le fait remarquer M. Armand Hayem dans son livre *Le Mariage*, remet en mémoire un mot de Prudhon frappé au même coin: « La femme est la conscience de l'homme personnifiée. »

« Ainsi, ajoute M. Hayem, c'est une manière de l'homme de se compléter que de s'unir à la femme. »

C'est même la seule, déclarons-le.

Il y a, sur les vieilles filles et les vieux garçons, un double proverbe à rimes trop triviales pour que je le rapporte ici, mais qui dénote bien le sentiment populaire à cet égard. Ce sentiment n'éclate-t-il pas, d'ailleurs, avec une force irrésistible dans l'unanimité de toutes les langues à faire du mot *moitié* le synonyme d'époux ?

Une anecdote, racontée par M. Lorédan Larchey dans son ouvrage intitulé: *Nos vieux Proverbes*, fait sentir d'une façon poignante que cette métaphore apparente est bien, après tout, l'expression d'une réalité. On nous saura gré de la transcrire:

« Un jour, dans la Loire-Inférieure, nous vîmes une pauvre petite vieille filant solitaire à la porte d'une chaumière perdue sur les rives du lac de Grandlieu.

« Au moment où nous passions, une pluie d'orage la contraignit de rentrer, en nous offrant l'abri de son toit. Tout, dans l'unique pièce, était d'une extrême propreté ; et, comme on l'en complimentait, elle dit :

« —Hé ! mon Dieu ! je n'y ai point de mérite, je suis toute seule.

« —Et vous avez toujours été de même ?

« —Dame, non ! j'avais un mari, mais, hélas ! sa compagnie m'a quittée.

« Elle se tut en essuyant une larme. Et je n'oublierai jamais comment elle avait su, en trois mots, faire mesurer le vide profond laissé par la mort de son homme. »

Le couple humain, souche de la famille et embryon de la société, est donc un tout parfait, formé de deux moitiés distinctes. Mais pour que l'entier se constitue et se maintienne, il est indispensable que ces deux moitiés s'adaptent de telle sorte que ni tiraillements ni chocs ne parviennent à les séparer.

CHAPITRE II

À LA DÉCOUVERTE

Ce que je sais le mieux c'est mon commencement, s'écriait l'Intimé. Il n'est guère de jeune marié qui puisse en dire autant. On se trouve, du jour au lendemain, lancé dans des eaux inconnues, où il faut naviguer à la découverte. La moindre imprudence peut être funeste. Toute fausse manœuvre peut faire prendre une direction qui éloignera à jamais du port, si elle n'amène pas du premier coup le naufrage. On ne saurait donc trop consulter la boussole et se conformer aux règles de la navigation, au début de ce voyage au long cours dans des mers ignorées.

Ce sont ces dangers qu'ont en vue les moralistes et les pères de famille lorsqu'ils mettent en garde contre les unions précipitées.

« Dans la jeunesse, dit Ferrand dans ses conseils à son fils, on est exposé souvent à se laisser séduire par les apparences ; on croit voir des avantages réels dans ce qui n'en a que les dehors. On contracte étourdiment un lien indissoluble ; on reconnaît trop tard son erreur: l'union se perd, l'aigreur s'en mêle, de là les séparations, les scandales publics, et la mauvaise éducation que reçoivent presque toujours des enfants nés d'un mariage mal assorti. »

Il dit encore: « Il est affreux d'être uni à un être dont la société est un tourment qui ne doit finir qu'avec la vie ; surtout gardez-vous de vous laisser séduire par les charmes de sa figure, avant de savoir quel est son caractère... La figure passe, le caractère reste ; et l'on se trouve condamné aux regrets d'avoir été trompé, et de l'être pour toujours. »

« Beauté de femme n'enrichit homme », dit le proverbe.

Pour éviter cet écueil, on a conseillé de n'arriver au mariage qu'après de longues fiançailles, permettant aux futurs époux de bien se connaître avant de s'engager. C'est ainsi que nous lisons dans un des *Essais* du *Spectator*: « Généralement les mariages où il y a le plus d'amour et de constance sont ceux qu'une longue cour a précédés. Il faut que la passion jette des racines et acquière de la force, avant d'y greffer le mariage. Une longue suite d'espérance et d'attente fixe l'idée dans notre esprit, et nous habitue à la tendresse pour la personne aimée. »

L'écrivain anglais ne s'arrête pas là. Il nous donne les indices d'après lesquels on pourra pronostiquer l'avenir du ménage:

« Un bon naturel et une humeur égale vous donneront pour la vie une compagne—ou un compagnon—facile ; la vertu et le bon sens, un ami agréable ;—l'amour et la constance, une bonne femme—ou un bon mari. »

Il est vrai qu'il ajoute cette remarque amère:

« Pour une personne que l'on rencontre avec ces qualités à la fois, on en trouve cent qui n'en ont pas même une. »

Espérons que la proportion n'est pas exacte, et ne soyons pas trop exigeants, chacun de notre côté. Si le jeune mari ne se sent pas toutes les qualités requises, de quel droit les réclamerait-il chez sa femme ? Et réciproquement. Que celles qu'on a fassent oublier celles qu'on n'a pas, et que l'indulgence mutuelle supplée finalement à ce qui fait défaut. Et puis, s'il est bon d'avoir un idéal très élevé et d'en poursuivre la réalisation, c'est chez soi et en vue de sa propre amélioration, bien plus que chez autrui. Dans les rêves du jeune homme, la fiancée prend des allures d'ange ; et quand la jeune fille évoque l'image de celui qui sera son mari, à peine les flamboyants chérubins ou les séraphins doux et charmants de Jéhovah paraissent-ils dignes de lui être comparés. Mais, comme le dit excellemment Fontenelle, « les choses ne passent point de l'imagination à la réalité, qu'il n'y ait de la perte, » et c'est ce qu'il est bien important de ne point oublier. C'est le meilleur moyen de ne pas donner raison au proverbe :

Aujourd'hui marié, demain marri.

La grande part de responsabilité—je ne dis pas toute la responsabilité,—à cette époque des débuts, appartient à celui des deux époux qui a, d'ordinaire, le plus d'expérience, le plus de sang-froid, la volonté la plus nette et la plus ferme, c'est-à-dire à l'homme. « Le bonheur d'un ménage, fait dire fort justement à un de ses personnages un romancier contemporain, dépend plus souvent du mari que de la femme: à lui de bien diriger sa barque, de savoir où il veut aller. A moins de se heurter à une nature exceptionnelle, à un tempérament terrible, on doit pouvoir se créer l'existence que l'on cherche en se mariant.[5] »

Le spirituel auteur d'un petit livre publié chez J.-P. Roret, en 1829, sous le titre de *Code Conjugal*, Horace Raisson, éclaire d'une comparaison saisissante ce que nous voulons faire comprendre ici. « S'il faut en tout temps, écrit-il, être attentif à écarter les sujets de désordre, on doit s'y appliquer davantage encore dans le commencement de son union. Rien n'est plus aisé que de séparer deux pièces de bois fraîchement unies ensemble: au bout de quelque temps, on a peine à les détacher par le fer et le feu. »

---

[5] G. Toudouze, *Le Train jaune*.

Il insiste et ajoute avec un grand bon sens: « La lune de miel est le véritable moment critique du mariage. Tout en en savourant la douceur, il faut se tracer pour l'avenir une ligne de conduite fixe et immuable, et ne pas imiter ces maris, charmants durant le premier quartier, et détestables dès la pleine lune.

« ... En ménage (et la lune de miel est déjà du ménage), il faut, avant tout, du naturel. La seule manière de prolonger la lune de miel est donc de ne pas jouer le rôle d'amant-mari, et de se montrer dès le premier jour ce que l'on sera constamment. »

C'est une pensée analogue qui fait dire à madame de Lambert dans son opuscule sur l'amitié: « Nous sommes d'ordinaire avec les autres comme nous sommes avec nous-mêmes. Les personnes sages savent établir la paix chez eux, et la communiquent aux autres. Sénèque dit: « J'ai assez profité pour apprendre à être mon ami. » Quiconque sait vivre avec soi-même, sait vivre avec les autres. Les caractères doux et paisibles répandent de l'onction sur tout ce qui les approche. »

Montrons-nous donc tels que nous sommes, mais tâchons d'être bons et commodes à vivre. Ce serait pallier le mal pour un temps plus ou moins bref, mais nullement le guérir, que se revêtir d'un masque, changer artificiellement et artificieusement nos allures, exprimer des sentiments qui ne sont point nôtres, faire, en un mot, fût-ce pour le plus louable des motifs, le personnage de Faux-Semblant.

Croyons-en l'observation de madame de Rémusat: « Dans un nouveau ménage, si un caractère se prononce avec rudesse, le plus doux plie et ruse ; c'est assurément la femme qui se soumet ainsi le plus souvent ; mais quelquefois aussi c'est l'homme. Au surplus, alors, quel que soit le trompeur ou le trompé, le but de l'association est manqué ; je n'espère plus de tendresse, ni d'estime, là où je ne vois ni confiance ni sincérité. »

Ce n'est pas qu'il soit interdit d'être adroit. C'est fourbe et vil qu'il ne faut pas être. La vie isolée est, dans toutes les conditions, un art complexe et difficile ; combien plus la vie à deux ! Nous n'hésiterons donc pas à transcrire les conseils, à la fois mondains, sages et pratiques, qu'Horace Raisson donne au nouvel époux qui rencontre inopinément chez sa jeune femme des habitudes et des goûts opposés aux siens ou en désaccord avec son état dans le monde.

« Un mari, suppose-t-il, aime l'étude, la simplicité, la retraite ; sa femme ne se plaît que dans le monde, le faste, la dissipation ; sera-t-il nécessaire que l'un sacrifie son bonheur au caprice de l'autre ? La philosophie conjugale n'est-elle pas alors un devoir, presque une vertu ? Il y a toujours danger à contrarier un vif désir ou une habitude dès longtemps contractée ; le plus sage est de laisser une jeune femme satisfaire ses goûts de danse, de parure, de spectacles, au lieu de s'opposer à sa volonté. On fait ainsi naître la satiété, où l'on aurait aiguillonné le caprice, et la soumission se montre bientôt, où se fût stimulée la résistance. »

Je ne sais au juste ce que Raisson entendait par soumission et résistance, et je ne veux point revenir sur ce que j'ai eu l'occasion de déclarer à propos de l'obéissance, dont le code fait aux femmes une obligation au bénéfice des maris. Pour nous, l'arbitraire est toujours de la tyrannie, et le mari n'a de droit sur la conduite de sa femme que celui qu'il puise dans une raison plus mûre et une expérience plus étendue. C'est dans ces limites seulement et avec cette interprétation que je me range à la méthode préconisée par Horace Raisson dans le passage qui précède ; et je conclus d'autant plus facilement avec lui que « l'art d'obtenir beaucoup consiste à ne rien exiger ».

De tout ce qui vient d'être dit,—insistons sur ce point,—la femme peut et doit faire son profit, aussi bien que l'homme. Les préjugés dûs à une éducation surannée, mais à laquelle bien peu de jeunes filles échappent encore, une timidité exagérée et hors de place, des scrupules d'autant plus tenaces qu'ils sont dictés par l'ignorance, des maladresses de parole ou d'action qui sont des naïvetés et que le mari ressent parfois comme des injures, des riens de mille sortes qui tirent une importance capitale du moment et du lieu, sont souvent des semences que la jeune femme jette étourdiment sur le terrain conjugal, encore inexploré, et qui, si le mari ne sarcle ces mauvaises herbes à mesure qu'elles germent, porteront une moisson de querelles, de désordre et de destruction.

Si donc le jeune mari, en raison de son éducation physique, intellectuelle et morale, encore plus qu'en raison d'une supériorité quelconque de nature dont il serait vain d'arguer, est presque toujours le plus directement responsable, des deux côtés la tâche est égale ; car les doigts délicats de la femme peuvent, aussi bien que la rude main de l'homme, briser, dès le départ, le vase trop fragile du bonheur commun.

Chapitre III

Les ennemis

Les parages où les jeunes mariés ont à diriger le navire conjugal leur sont inconnus ; mais ils sont, en outre, sillonnés de courants perfides et semés d'écueils.

Les personnes mêmes qui, jusqu'alors, avaient été pour le jeune homme et la jeune fille les guides et les appuis les plus sûrs, deviennent trop souvent, sinon des ennemis déclarés, du moins des amis égoïstes dont les conseils sont pernicieux et les prétentions destructrices de la paix entre les époux.

Loin de nous la pensée de rompre les liens de famille pour mieux resserrer le nœud conjugal. Un mariage devrait être, à vrai dire, la greffe d'une famille sur une autre, et les parents des deux mariés devraient se sentir intimement unis les uns aux autres dans l'intime union de leurs enfants. Malheureusement il n'en va pas toujours ainsi. Il semble au père et à la mère, lorsque l'enfant—surtout la fille—forme un nouveau ménage, que c'est leur bien dont on les prive. Les plus raisonnables se font difficilement à l'idée de ne plus exercer de contrôle, de ne plus être les guides et les maîtres de leur enfant. Après avoir si longtemps remorqué—au prix souvent de combien de peines et de sacrifices !—la jeune barque, ils sont tout désolés et déconcertés de la voir voguer de ses propres voiles, de conserve avec un autre vaisseau qui leur est inconnu. De là des douleurs et des regrets infiniment respectables, mais qui se traduisent quelquefois dans la vie pratique par des efforts inconsidérés pour garder la haute influence, dont ils usent naturellement en sens inverse de celle qui devrait légitimement dominer la leur.

La lutte qui s'ensuit nécessairement n'est pas de nature à établir l'harmonie dans le jeune ménage. On a vu des femmes, incapables de se soustraire à la domination—disons, si vous voulez, à la tendresse—de leur mère, se mettre, à ce propos, en révolte ouverte contre le mari et quitter la maison conjugale, pour reprendre, dans la maison paternelle, la posture d'enfant soumise dont l'éducation leur avait donné le pli. Parmi les garçons, de tels exemples sont infiniment plus rares, mais on en trouverait.

Les parents sont bien coupables ou bien aveugles qui, ne sachant pas vaincre leurs sentiments d'affection égoïste, ne se résignent pas à abdiquer ce qu'ils appellent leurs droits, même au lendemain du mariage de leurs enfants.

Qu'on ne se méprenne pas sur notre pensée ! Personne plus que nous n'est touché du spectacle qu'offrent certaines familles, plus nombreuses qu'on ne le croit, où la plus douce entente règne entre tous, depuis les grands parents jusqu'aux petits-enfants. Le respect des uns, la condescendance des autres, l'affection de tous unissent admirablement les cœurs sans entraver les volontés. C'est à ce résultat qu'il faut tendre, et l'on peut toujours espérer d'y arriver. Il vaut bien, d'ailleurs, qu'on se gêne un peu dans les commencements, que l'on consente à des concessions, qu'on se soumette à des sacrifices. « Il faut se conformer aux habitudes, au ton, à la manière de la famille dans laquelle on entre, sous peine de voir la paix bannie de son ménage », dit fort sagement Horace Raisson.

Je goûte moins cet autre conseil présenté sous forme de maxime: « Si les belles-mères savaient dissimuler, les brus se taire, et les maris prendre patience, toutes les familles seraient en paix. »

Se taire, quand on n'a rien de bon ou d'agréable à dire, est, à coup sûr, fort sage ; et, quoi qu'on ait raconté de la langue des femmes, la jeune épouse, en songeant que le bonheur de celui qu'elle aime et le sien propre sont en jeu, ne devra pas trouver l'effort au-dessus d'elle. Mais pourquoi la belle-mère dissimulerait-elle, et qu'a-t-elle à dissimuler ? Le mot est vilain et la chose plus vilaine encore. Pourquoi lui supposer des sentiments inavouables, de la jalousie, du dépit, de la haine, contre celle que son fils a choisie pour compagne ? Si son cœur est agité de telles passions, ce n'est pas à les dissimuler qu'elle doit travailler de toutes ses forces ; c'est à les combattre, à les déraciner, à les détruire. Elle y parviendra assurément, si c'est son fils qu'elle aime, et non pas elle en son fils.

Une Anglaise, Mrs. Chapone, donne d'excellents conseils à la jeune mariée à propos des relations qu'elle aura à entretenir avec la famille et les amis de son mari. Nous ne pouvons mieux faire que de les transcrire. « Votre conduite vis-à-vis de ses amis particuliers et de ses proches parents, dit-elle à la nouvelle épouse, auront le plus important effet sur votre bonheur mutuel. Si vous n'adoptez pas ses sentiments en ce qui les concerne, votre union restera très imparfaite, et mille incidents désagréables en surgiront constamment...

« Il faut prendre grand soin de partager, extérieurement du moins, votre respect et votre affection d'une manière égale et honnête entre les parents de votre mari et les vôtres. Il serait heureux que vos sentiments pussent être les mêmes pour les uns comme pour les autres ; mais, que cela soit ou non, le devoir et la sagesse vous obligent à cultiver autant que possible le bon vouloir et l'amitié de la famille qui vous a adoptée, sans préjudice de l'affection et de la gratitude dont vous ne pouvez manquer, j'en suis sûr, à l'égard de la vôtre. »

Que la bru fasse preuve de ces sentiments, et, si la belle-mère lui refuse une part dans son affection,—que voulez-vous ?—la belle-mère méritera tous les sarcasmes et toutes les malédictions que la satire populaire lui a toujours si libéralement octroyés.

C'est bien à regret que nous avons dû commencer par les parents cette revue des ennemis que doit redouter le jeune ménage. Mais quand on a à dire une vérité désagréable, mieux vaut la dire du premier coup. C'est à eux, d'un côté, et aux nouveaux mariés de l'autre, de ne pas changer en un fléau, également funeste au bonheur de tous, l'affection profonde par laquelle le père, la mère et les enfants se sentent liés les uns aux autres. Il suffit de s'imposer, d'une part, des ménagements et des respects dont les fils et les filles ne se doivent départir jamais, et, de l'autre, un peu de désintéressement, disons même, si vous voulez, d'abnégation. Le problème n'est insoluble pour personne, et on le voit bien, après tout, au grand nombre de ceux qui le résolvent.

Une autre catégorie d'ennemis, moins intéressants et plus perfides, est celle des amies d'enfance. Il faut lire, dans le *Code conjugal* d'Horace Raisson, les pages de fine physiologie qu'il leur consacre. « Dès qu'il est question dans le monde du mariage d'une jeune personne, les amies de pension accourent : à leurs questions volubiles, on juge que c'est la curiosité bien plus qu'un tendre intérêt qui les excite... « Tu te maries ? ton prétendu est-il aimable, beau ?... l'aimes-tu ?... voyons la corbeille ? » Puis viennent les commentaires, les projets. On se quitte : celles qui sont filles lèvent au ciel un regard d'envie ; celles qui sont mariées poussent un soupir de regret ou de souvenance.

« Après la noce, où les amies de pension se sont fait remarquer par leur petit air important, les visites deviennent plus fréquentes ; chaque jour on propose, on engage quelque partie nouvelle. La promenade, les marchands, la campagne, le spectacle s'emparent si bien de tous les moments de la jeune femme, que son mari trouve à peine le temps de l'entrevoir dans le cours de la journée.

« C'est là le moindre inconvénient de ce redoublement de tendresse renouvelée du pensionnat.

« Mais le mari hasarde un léger reproche ; sa femme reconnaît son tort involontaire, et promet sincèrement de ne plus se laisser ainsi ravir le temps qu'elle peut passer si heureuse près de l'époux qu'elle aime. Elle refuse donc les invitations que ses amies viennent lui faire. Celles-ci s'étonnent, se piquent, la pressent de questions ; la jeune femme avoue enfin que son mari paraît désirer la voir plus souvent près de lui.—Ah ! Monsieur est jaloux !—Non, il m'aime.—Le despote ! laisse-le faire, ce sera bientôt une tyrannie ; que tu seras heureuse, ainsi claquemurée ! Mon mari a voulu me mener ainsi ; j'ai bien souffert à le contrarier ; maintenant il en passe par où je veux.—Mais, mes amies, vous vous méprenez ; mon mari n'exige rien, ne se plaint de rien ; je pense seulement que, sans fuir le plaisir, je puis lui consacrer plus d'instants.— Pauvre petite ! si douce, si résignée... Puis arrive le chapitre des conseils. « Leur instance est d'abord bien faible ; mais, à force de revenir à la charge, de répéter des plaintes, de faire des comparaisons, de saisir de fausses apparences, elles tournent bientôt la tête de la jeune épouse, qui troque enfin le bonheur contre la dissipation. »

Le tableau qui précède, et qui n'est point chargé, explique et justifie cet autre passage qui pourrait sembler, au premier abord, dépasser la vérité.

« Beaucoup de maris redoutent pour leurs femmes la société des jeunes gens, et préfèrent les voir entourées de femmes ; ils ont tort. On pourrait dire avec justesse: « Les amies de pension ont plus désuni de ménages que les galants. »

Il est clair que ces remarques sont applicables à tous les degrés de l'échelle sociale. Il n'est pas nécessaire d'avoir été « en pension » pour avoir des dangers analogues à redouter et à fuir. Les amies d'atelier, les voisines, les habituées de la loge de la concierge opèrent, dans un milieu différent, de la même manière pour amener les mêmes résultats.

L'homme, de son côté, n'a pas à veiller avec moins de soin à ne pas se laisser circonvenir par ses amis de la veille qui, s'ils ne l'entraînent pas à conserver en dehors de chez lui les habitudes de la vie de garçon, ont vite fait de les apporter avec eux dans son intérieur, qu'ils envahissent et où ils s'installent avec le sans-façon et l'empressement de célibataires convaincus qu'on ne se marie qu'à leur bénéfice.

« Les nouveaux mariés doivent apporter un soin sévère dans le choix des personnes qui, reçues habituellement chez eux, passeront dans le monde pour les amis de la maison. On juge de la portée, des opinions, du caractère des gens, par les liaisons qu'ils forment ; et souvent les amitiés d'un mari compromettent la réputation et le bonheur de sa femme. »

Sans prendre à la lettre l'exclamation d'un misanthrope: « O mes amis, n'ayez jamais d'amis ! » on peut dire que les jeunes époux ne sauraient, chacun pour leur part, être trop réservés dans le choix des amis qu'ils admettent dans leur intimité, et qu'il doit suffire qu'une personne ne plaise pas à l'un d'eux pour que la maison lui soit irrévocablement fermée.

Depuis qu'il y a des gens qui commandent et des gens qui obéissent—bien ou mal,—on répète sur tous les tons et avec toutes les variantes : *Notre ennemi, c'est notre maître*. Il serait tout aussi exact de renverser la proposition et de dire : *Notre ennemi, c'est qui nous sert*.

« Il n'est point de métier plus mal fait, ni plus chèrement payé que celui de domestique », dit l'auteur des *Doutes sur différentes opinions reçues dans la Société*.

Il en était ainsi bien avant lui, et je crois que, depuis la fin de l'époque patriarcale, le bon serviteur a toujours été une perle rare et de grand prix. On a pu dire avec raison qu'au dix-huitième siècle le métier de valet menait à tout, même aux plus grands honneurs et aux plus hautes charges de l'État. Aujourd'hui les avenues sont encombrées par d'autres professions, chacun le sait ; mais les exigences des domestiques n'en vont pas moins croissant. Une chronique signée Alfred Baude, que je lisais naguère dans le journal *l'Estafette*, m'en fournit deux exemples amusants. Je ne saurais en garantir l'authenticité, mais ils n'ont, par le temps qui court, rien d'invraisemblable.

« Le duc de B... avait besoin d'un valet de chambre. Un monsieur se présente avec la physionomie et la tenue d'un notaire.

« —Monsieur le duc, je souffre d'une dyspepsie, je ne puis manger de bœuf et ne peux boire que du bordeaux.

« —Soit !

« —Monsieur le duc, mon médecin me défend de veiller le soir et exige que je sois toujours couché à dix heures.

« —Soit !

« —Monsieur le duc, j'ai quelques amis que je reçois une fois par semaine, et une fois par semaine aussi j'ai l'habitude d'aller au spectacle ; j'espère que vous voudrez bien me donner ces deux soirées.

« —Mon cher, reprit froidement le duc de B..., ma maison ne saurait vous convenir, cherchez-en une autre, et si par hasard vous trouviez une seconde place comme celle-là, dites-le-moi, j'y mettrai mon fils. »

Lord Henry Seymour racontait qu'il avait trouvé une fois un valet de chambre qui lui plaisait beaucoup. Au moment de l'arrêter, le valet s'inclina et dit : « Je ne peux entrer au service de Votre Seigneurie.

« —Pourquoi donc ? fit lord Henry, fort intrigué.

« Votre Seigneurie a le pied trop petit, je ne pourrais jamais entrer dans ses bottes ».

Leurs investigations vont au delà de la chaussure, au delà même de la garde-robe et de l'office. Le caractère, la nature morale de leurs maîtres et de leurs maîtresses est scrutée et analysée par eux, non sans perspicacité, en ce qui se rapporte à leurs intérêts immédiats. Voici un document précieux, trouvé providentiellement dans un livre de cuisine:

« La femme de chambre du premier nous a dit hier: « Retenez bien ceci: Toute maîtresse grasse est pleurnicheuse et collante ; toute maîtresse maigre est agacée et agaçante ; toute maîtresse petite est volontaire et hautaine ; toute maîtresse grande et mince est orgueilleuse et défiante. »

Nous laissons la responsabilité de ce morceau de physio-psychologie à M. Alfred Baude, qui l'a mis au jour. Mais nous nous associons volontiers aux réflexions suivantes:

« Nous nous plaignons de ce que nos domestiques nous détestent, et comment voulez-vous qu'ils nous aiment. Nous inquiétons-nous d'eux ? Quand leur vient-il de notre part un mot affectueux, une parole qui prouve que nous nous intéressons à eux ?—Jamais ! Nourris—blanchis—logés—éclairés—c'est tout.—Et cependant, l'être humain a besoin d'autre chose.

« Les domestiques ne trouvant plus dans leurs maîtres que des automates, absolument sans cœur, se groupent entre eux et forment une espèce de franc-maçonnerie dont l'unique but est de piller et de ridiculiser l'ennemi commun, le Maître. Que faire ? Avant tout, traitez vos serviteurs comme on traite de grands enfants.

« Ils le sont par leur éducation si rudimentaire et par leur position inférieure. De temps en temps une bonne parole, un bon sourire, un encouragement ; vous ne soupçonnez pas combien vous vous en trouverez mieux. Puis, pour combattre cette déplorable habitude qu'ont les domestiques de changer à chaque instant de place, n'acceptez jamais un nouveau serviteur s'il ne vous apporte pas la preuve qu'il est resté au minimum deux ans dans la maison d'où il sort. Ah ! si chacun de nous prenait cet engagement, quelle rapide amélioration dans notre mal ! Et puis, songez quelquefois à l'axiome de Beaumarchais: « Aux qualités qu'on exige d'un domestique, connaissez-vous beaucoup de maîtres qui fussent dignes d'être valets ?... »

« En finissant, il est de toute justice de dire qu'il y a souvent de nobles cœurs dans la livrée. Que d'exemples ne pourrait-on citer: je n'en connais pas de plus touchant que celui-ci:

« Un ancien négociant avait tout perdu: sa femme, ses enfants, sa fortune ; il ne lui restait qu'une vieille domestique. Cette pauvre femme s'attacha à lui avec un admirable dévouement. Il était atteint d'une affreuse maladie de la peau ; elle le soigna nuit et jour. Ce n'est pas tout ; elle allait voir les vieux amis de son maître à son insu, et obtenait quelques secours. Un matin elle rentrait harassée ; elle entend des éclats de voix et des rires, elle s'arrête et écoute: on se moquait d'elle, son vieux maître contrefaisait sa voix.

« —Ah ! dit-elle, mon premier mouvement fut de m'en aller en courant, puis je songeai qu'il était vieux, malade, qu'il avait besoin de moi ; je retins mes larmes et remuai bruyamment la clef dans la serrure avant d'entrer. »

« Un honneste serviteur, dit le vieux gentilhomme français de La Hoguette, dans son *Testament*, est le surveillant de son maître, et un bon maître l'exemplaire de son serviteur. C'est pourquoi il n'y a point de combinaison entre les hommes, après celle du mari et de la femme, qui ait plus besoin d'estre bien faite que celle-ci. »

J'ai rarement vu la moralité du contrat entre maître et serviteur dégagée avec plus de netteté, d'élévation et d'éloquence que dans ces lignes, que je suis heureux d'exhumer:

« Que penses-tu que fasse pour moi celui que tu crois un serviteur ? Il me sert ; tu te trompes, il se sert: le même travail qu'il feroit en sa maison pour vivre, il le fait en la mienne ; s'il m'engage sa volonté pour me rendre quelque service, la mienne lui demeure en ôtage pour son salaire ; si je trouve mon compte en ce qu'il fait pour moi, il y trouve le sien aussi ; s'il se mêle de mes affaires, on s'aperçoit qu'il ne néglige pas les siennes ; s'il fait valoir ma terre, il en partage les fruits à l'aise avec moi ; s'il m'appreste à manger, il en taste le premier, il y contribuë de sa peine, et moi de toute la dépense. Notre communauté se découvre en tant de choses, que tout bien considéré, je trouve que l'assemblage du serviteur avec le maître n'est autre chose qu'une société qui se fait entre le pauvre et le riche pour leur utilité commune, en laquelle il n'y a aucune différence que le nom. »

Un peu plus loin, de La Hoguette dit encore: « Tout service fait sans affection est sans goût ; si on me le rend à regret, quoi qu'il me soit dû, je le reçois encore plus à regret ; il n'y a que la chaleur du cœur toute seule qui le puisse bien assaisonner. Cela étant, faisons-nous aimer de nos serviteurs ; pour en estre aimé il les faut aimer: l'amitié ne reçoit que ce seul change. »

Charron avait exprimé plus didactiquement la même pensée:

« Traitter humainement ses serviteurs, et chercher plustost à se faire aimer que craindre est tesmoignage de bonne nature: les rudoyer par trop, monstre une ame cruelle, et que la volonté est toute pareille envers les autres hommes, mais que le defaut de puissance empesche l'execution. Aussi avoir soin de leur santé et instruction de ce qui est requis pour leur bien et salut. »

Fénelon y revient souvent. Nous avons eu l'occasion, dans les livres qui ont précédé celui-ci, de toucher plus d'une fois à la question des domestiques, et d'en parler dans le même sens.[6]

Il résume tout, pour ainsi dire, dans ce passage:

« Tâchez de vous faire aimer de vos gens sans aucune basse familiarité: n'entrez pas en conversation avec eux ; mais aussi ne craignez pas de leur parler assez souvent avec affection et sans hauteur sur leurs besoins. Qu'ils soient assurés de trouver du conseil et de la

---

[6] *Doit-on se marier ?* p. 169 et suiv.—*Comment élever nos enfants ?* p. 213 et suiv.—*Que faire de nos filles ?* pp. 231 et suiv., 297, 308.

compassion: ne les reprenez point aigrement de leurs défauts ; n'en paraissez ni surpris ni rebuté, tant que vous espérez qu'ils ne seront pas incorrigibles ; faites-leur entendre doucement raison, et souffrez d'eux souvent pour le service, afin d'être en état de les convaincre de sang-froid que c'est sans chagrin et sans impatience que vous leur parlez, bien moins pour votre service que pour leur intérêt. »

On comprend que la conduite des domestiques et notre conduite vis à vis d'eux soient une difficulté de chaque instant dans le ménage. Cela introduit une complication extrême et de très désagréable nature dans la vie à deux ; et si nous ne tenions, pour de délicates raisons de discrétion que l'on appréciera sans doute, à rester dans les généralités, il nous serait facile de mettre le doigt sur bien des plaies, ouvertes et entretenues dans le cœur des époux par les domestiques ou à leur occasion. Nous nous contenterons de citer ce qu'Horace Raisson dit de la femme de chambre :

« La femme de chambre a une grande influence sur la fidélité conjugale. Confidente née des secrets du ménage, adroite et fière, elle sera toujours disposée à en abuser ; sotte, elle commettra à tous propos des inconséquences ou des balourdises. C'est un art difficile et rare, que celui de bien styler une femme de chambre. »

Bien stylée ou non, la femme de chambre est souvent un instrument de désunion entre les époux. Son service, plus personnel, qui la met à chaque instant en contact avec les maîtres, la rend plus dangereuse en lui donnant plus de moyens pour faire du mal. Mais ses collègues des deux sexes, à la cuisine, à l'écurie, dans l'antichambre, à la loge, ne lui cèdent en rien lorsque l'occasion se présente ou qu'elle peut se faire naître. Le nombre de ménages ébranlés, chagrinés, disloqués, détruits par les jalousies que ces gens suscitent, par leurs faux rapports, leurs insinuations perfides, leurs lettres anonymes, leurs complaisances insinuantes, leurs manœuvres de toutes sortes, à la fois basses et audacieuses, est littéralement inimaginable.

Certes ce n'est pas nous qui trouverons mauvais que les maîtres rendent aux serviteurs la vie plus douce, en s'intéressant à eux et en leur accordant une affectueuse attention. Mais qu'ils prennent garde ? La pente de la familiarité est facile, et s'ils s'y laissent une fois glisser, ils ne pourront plus retenir ni leurs domestiques ni eux :

« Dès que vous oubliez votre place vis-à-vis d'un domestique, vous l'autorisez à oublier la sienne vis-à-vis de vous », dit Ferrand, et il dit vrai.

C'est ainsi que le bonheur conjugal, comme toutes les choses précieuses et délicates, est entouré, assiégé par une foule d'ennemis avides. On croirait voir des guêpes attaquant un beau fruit, au moment où sa maturité parfaite le rend le plus délicieux.

Mais que de fois, sans compter les guêpes et autres insectes de l'extérieur, le fruit ne porte-t-il pas en lui son ver rongeur ! « Le plus dangereux ennemi du bonheur des jeunes femmes, et par contre-coup du repos des maris, dit le *Code conjugal*, c'est l'imagination. Le jour où elles se croient opprimées, il n'est rien qu'elles ne soient capables d'entreprendre pour s'affranchir, ou du moins se venger ; leur refuser une chose juste, c'est allumer en elles la volonté de l'obtenir et le désir d'en abuser. »

Rien n'est plus désolant que de voir des jeunes femmes, entourées de tout ce qui donne et assure le bonheur, devenir ainsi les victimes d'elles-mêmes, et empoisonner ceux qu'elles aiment le mieux du chagrin de leurs imaginaires griefs. Dans tous les cas, si la passion n'est pas portée au point que tout ce qui n'est pas elle soit indifférent, si l'on a encore quelque souci de l'opinion du monde, quelque respect de soi, quelque espoir ou quelque désir que les maux dont on souffre se guérissent un jour, ayons toujours présent à l'esprit ce conseil dont on sent de plus en plus la justesse à mesure que l'expérience nous instruit: « On agit sagement en cachant avec un soin égal les douceurs et les amertumes du mariage.[7] »

Pour clore ce chapitre, nous répéterons la prière facétieusement judicieuse que des préoccupations de même ordre inspiraient au vieux compilateur de proverbes G. Meurier:

De toute femme qui se farde,
De personne double et languarde,

---

[7] H. Raisson: *Code conjugal.*

De fille qui se recommande,
De vallet qui commande,
De chair sallé sans moutarde.
De petit disner qui trop tarde,—
De languards en nos maisons,
De fille oiseuse et menteuse,...
De serviteur remply de paresse,
De chambrière mal soigneuse,
De bourse vuide et creuse,—
De maison envinée,—
De chausse déchirée,
De fiebvre aigue enracinée,
D'ennemy familier et privé,
D'amy simulé et réconcilié,
Et de choir en deptes toute cette année,
Libera nos, Domine !

Chapitre IV

Miel et fiel

« Chez les anciens, les jeunes gens qui sacrifiaient à Junon nuptiale ôtaient le fiel de la victime immolée, et le jetaient au loin, pour témoigner leur résolution de bannir de leur union la colère et l'amertume.[8] »

L'auteur ne nous dit pas si le symbole était véridique ou menteur. Mais l'histoire des mœurs, qui domine l'histoire des gouvernements, le dit pour lui. Les plus anciens témoignages prouvent assez que les passions humaines ont, de tout temps et

---

[8] Horace Raisson, *Code Conjugal*.

partout, fait à peu près la même somme de ravages, et que beaucoup de ceux qui avaient jeté au loin le fiel de la victime avaient conservé leur propre fiel en leurs flancs.

C'est cela qu'il faut arracher, dès le seuil du mariage, et jeter au vent pour qu'il le dessèche et l'emporte. On l'a proclamé bien des fois: le temps des symboles et des mythes est accompli ; nous sommes arrivés à l'époque du fait. C'est à nous de faire passer cette image des rites antiques dans la réalité, et c'est à ce prix seul que la vie à deux donnera sa pleine source de joies individuelles et de forces actives contribuant au bien social.

Je trouve, dans les écrits d'une Anglaise, Mrs. Chapone, que j'ai déjà eu l'occasion de citer, une page qui développe avec une calme élévation et un rare bon sens la pensée que je viens d'indiquer. Se reportant aux conditions qui s'imposent aux mariés, vis-à-vis de leur famille respective, Mrs. Chapone demande à la jeune femme: « Si c'est un devoir important d'éviter toute discussion et tous désagréments avec ceux qui sont de la proche parenté de votre mari, de quelle conséquence n'est-il pas d'éviter toutes les occasions d'avoir du ressentiment l'un contre l'autre ! »

Elle poursuit: « Quoi qu'on puisse dire des *querelles d'amoureux*, croyez-moi, celles des gens mariés ont toujours d'épouvantables conséquences, pour peu qu'elles aient quelque durée ou quelque gravité. Si on les laisse amener des expressions d'amertume ou de mépris, ou trahir chez l'un des époux un sentiment habituel d'aversion ou de répugnance pour quelque particularité physique ou morale de l'autre, ce sont là des blessures qui ne se guérissent presque jamais complètement... Le souvenir douloureux de ce qui s'est passé surviendra souvent aux heures les plus tendres, et la moindre bagatelle le réveillera et le renouvellera. Il faut, dès le début, être particulièrement en garde contre cette source de malheur. De nouveaux mariés, dans l'excès même de leur amour, se laissent parfois aller à de petites scènes de jalousie et à des querelles puériles, qui, tout d'abord, aboutissent peut-être à un redoublement de tendresse, mais qui, souvent répétées, perdent leurs agréables effets, et ne tardent pas à en produire d'autres d'une nature tout opposée. La dispute devient chaque fois plus sérieuse ; la jalousie et la défiance poussent des racines ; le caractère se gâte des deux côtés ; les habitudes d'aigreur, de contradiction, d'interprétation méchante prennent le dessus et finissent par dominer toute autre affection qui leur a donné naissance. Ne perdez jamais de vue que le bonheur du mariage repose tout entier sur une solide et permanente amitié,—à quoi rien n'est plus opposé que la jalousie et la défiance. Ces défauts ne sont pas moins contraires aux vrais intérêts de la passion. Vous ne gagnerez jamais rien à exiger de l'affection de votre mari plus qu'elle ne peut naturellement vous donner ; la peur d'alarmer votre jalousie et d'amener une querelle pourra bien le forcer à feindre une tendresse plus vive que celle qu'il ressent ; mais cet effort, cette contrainte même diminue et par degrés éteint réellement cette tendresse. Si donc il paraissait moins affectueux et moins attentif que vous ne le désirez, il faut ou réveiller sa passion en déployant quelque grâce nouvelle, quelque charme irrésistible de douceur et de sensibilité, ou bien vous conformer, du moins en apparence, au degré d'affection que son exemple prescrit ; car c'est votre rôle de suivre modestement sa direction, plutôt que de lui faire sentir le désagrément de ne pas être capable de marcher du même pas que lui. La vérité est que c'est l'orgueil, plutôt que la tendresse, qui d'ordinaire dicte à une personne susceptible ses déraisonnables exigences ; et cet orgueil est récompensé, comme il le mérite, par des mortifications et le froid éloignement de ceux qui en souffrent. »

Ce qu'il y a de particulier dans cet état, et ce que Mrs. Chapone fait bien ressortir, c'est que l'amour travaille ici contre lui-même. Or l'amour étant aveugle, comme chacun sait, ni l'un ni l'autre des époux ne s'aperçoivent du dommage causé, de la sape de plus en plus profonde qui se creuse et fera crouler l'édifice. Au contraire, il arrive qu'ils prennent goût à ces reproches et à ces querelles, sachant quels rapprochements, quels élans de passion les suivent. Comme ces gourmands au palais blasé qui ont besoin de tous les feux du poivre, du piment et du *curry* pour goûter la saveur d'un mets, les caresses de l'amour leur semblent fades s'ils ne les font précéder de l'orage des paroles injurieuses ou amères, et parfois—je le dis quoi qu'il m'en coûte—de la grêle des coups.

Mais, de même que ces abus de condiments gâtent l'estomac, les scènes de ménage, quelque tendre qu'en soit le dénouement ordinaire, gâtent le cœur. Un jour vient où la récompense ne paraît pas valoir le prix dont on l'achète, et le moindre mal qui puisse résulter de telles coutumes matrimoniales, c'est que l'impression de lassitude et de dégoût se produise chez les deux époux à la fois. Ils sont, du moins, en condition de reconnaître en même temps leur tort et de s'en corriger, ou, s'ils s'en sentent incapables, de s'entendre pour se créer, soit dans le mariage, soit en dehors, un *modus vivendi* où la part du scandale, toujours trop grande, sera réduite à son minimum.

« Il n'y a guère de gens plus aigres que ceux qui sont doux par intérêt », dit Vauvenargues. Aussi ne faisons-nous pas appel au seul intérêt. C'est à l'intelligence et au cœur que nous nous adressons à la fois pour mettre en garde les nouveaux époux contre ces mouvements désordonnés de la passion qui s'use elle-même et, comme le fruit décevant des rivages de la Mer Morte, ne laisse qu'une cendre amère dans la bouche des étourdis qui pensaient y puiser des jouissances toujours renouvelées et sans cesse de plus haut goût.

Il faut être doux parce qu'on a du plaisir à l'être: parce qu'il n'est rien de meilleur au monde que d'être agréable à qui l'on aime, et que, quand le mari trouve que sa femme est bonne et que la femme trouve que son mari est bon, ils ont à eux deux ramené sur terre, pour eux et ceux qui les entourent, le paradis.

Le sujet est trop grave pour admettre la plaisanterie vulgaire qui n'a pour effet que le rire physique, lorsque son ineptie ou sa trivialité ne font pas hausser les épaules d'impatience et d'ennui. On ne s'attend donc pas à trouver ici la répétition des éternelles sottises sur la couleur du ménage et autres gaudrioles de la même farine. On ne m'en voudra pourtant pas, je l'espère, de rapporter, dans un intérêt de curiosité d'autant plus permise qu'elle se rattache étroitement à la question qui nous occupe, une explication assez ingénieuse et inattendue de la couleur jaune prise comme symbole conjugal.

L'auteur des *Mémoires historiques et galans* pense qu'Ovide, en représentant l'Hymen *croceo velatus amictu*, « a voulu sans doute nous faire une leçon de ce qui est si essentiel au mariage. Les soucis d'une famille dont vous vous chargez, le risque que vous courez de tant de coups de fortune, la jalousie inévitable que vous avez d'une femme, pour peu qu'elle vous agrée, ou que votre honneur vous touche, ne sont-ce pas autant de sujets de jaunisse ! et n'est-ce pas une merveille, si le tempérament le plus vigoureux et le plus enjoué ne tombe pas dans un état ictérique ? »

La jalousie est, à coup sûr, la disposition morale la plus propre à faire naître cet état, et il n'est guère de description de jaloux ou de jalouse qui ne soit marquée de ce trait: *jaune comme un coing.* C'est en effet celle qui met le plus de bile dans le sang, la passion fielleuse par excellence.

« Toute jalousie, dit un ancien poète anglais,[9] doit toujours être étranglée à sa naissance ; ou le temps conspirera bientôt à la rendre assez forte pour surmonter la vérité. »

Le propre de la jalousie, en effet, est de donner aux visions que le soupçon fait surgir dans l'esprit le relief et la certitude de la réalité. Le jaloux objective les images qui hantent son cerveau avec une intensité curieuse pour l'observateur et formidable pour les époux. Car, sans insister sur cette facilité qu'a le jaloux—ou la jalouse—à se croire certain de ce qu'il imagine, surtout si c'est incroyable et monstrueux,—la jalousie crée, dans la vie à deux, tous les maux, et ne saurait en guérir un

---

[9] Sir William Davenant.

seul. C'est ce que voyait Fuller lorsqu'il écrivait: « Là où la jalousie est le geôlier, beaucoup s'échappent de leur prison ; elle ouvre plus de voies au vice qu'elle n'en ferme. » La comédie de tous les âges et de tous les peuples a trouvé dans cette idée une source inépuisable de situations plaisantes et douloureuses à la fois, qui, à défaut des exemples que fournit en abondance l'expérience journalière de la vie, peuvent servir de documents et d'enseignement.

Le dicton populaire: « On n'est jaloux que de ce qu'on aime » n'est vrai que par rapport à un amour égoïste qui, tout en se portant sur autrui, n'est proprement que l'amour-propre ou l'amour de soi. Nous concevons la douleur immense, l'irrémédiable désespoir que peut jeter dans un cœur aimant la découverte de la trahison de l'être aimé. Nous concevons encore, tout en les blâmant et en les regrettant, les mouvements impétueux qui poussent en ces circonstances les personnes violentes et passionnées à des excès que les cours d'assises condamnent ou acquittent, au hasard de l'impression produite sur des jurés sensibles. Mais nous ne saurions considérer la jalousie *à priori*, si l'on peut dire, celle qui obsède l'esprit au fort même de l'amour partagé et qui, à défaut de motifs, se forge des catastrophes chimériques et se nourrit avidement du poison des soupçons, que comme une maladie morale dont il faut se guérir à tout prix, si l'on ne veut faire son propre malheur en même temps que le malheur de celui ou de celle qu'on aime plus que tout au monde, bien qu'en l'aimant fort mal.

En de pareilles maladies, il n'y a guère qu'un médecin et qu'un remède, à savoir la volonté. Mais, hélas ! on ne veut pas, ou l'on ne peut pas vouloir. Il y a des maux où l'on se complaît, des plaies qu'on prend un âcre plaisir à aviver, des douleurs dont il est voluptueux de souffrir. La jalousie est une de ces tortures qui font goûter à leurs victimes les délices de la damnation.

On rapporte de Ninon de Lenclos cette parole: « Jamais une femme ne sait mauvais gré à son mari de plaire à plusieurs femmes, pourvu qu'elle soit toujours préférée. »

Malheureusement, en fait de mariage, l'autorité de Ninon est médiocre. Et puis de son temps, le fatalisme de la passion et l'irresponsabilité de la névrose étaient choses peu connues, qui ne troublaient guère la raison des gens. En ce temps-là, et même plus tard, on pouvait espérer convaincre et persuader par un dilemme, et l'auteur des *Considérations sur le Génie et les Mœurs de ce siècle* ne perdait pas sa peine en écrivant: « C'est faire une cruelle injure à une femme sage, que de lui témoigner de la jalousie ; c'est faire trop d'honneur à une femme galante, et donner beau jeu à une coquette. »

Il laissait au lecteur le soin facile de retourner la proposition à l'usage de la femme envers le mari.

Aujourd'hui l'arsenal du raisonnement ne fournit point d'arme capable de porter un coup sûr, et, pour combattre les erreurs du sentiment, c'est au sentiment qu'il faut avoir recours. La seule considération qui puisse, croyons-nous, contrebalancer la jalousie dans une âme infestée de ce venin, c'est le désir de faire le bonheur de l'être aimé. Si la passion maudite laisse au jaloux une minute de clairvoyance et qu'il ait conscience des tourments qu'il inflige, il se guérira ou se dominera. S'il ne le faisait, son amour serait méprisable, car ce ne serait, répétons-le, qu'un égoïsme sans pitié.

Chapitre V

Sables mouvants

Comment assurer la navigation de la barque conjugale sur les eaux mal sondées de la vie ? On relève çà et là des écueils, des récifs, des promontoires où la mer se brise avec les épaves qu'elle entraîne, des points fixes où le péril est constant. On y établit des signaux ; on y allume des phares ; des pilotes indiquent les passes, les heures de marée, les courants, les tourbillons et les remous, et conduisent au port prochain. Mais ce que feux, balises, ancres, conseils de pilote sont impuissants à signaler, ce sont les hauts fonds changeants, les bancs de sable que le jusant déplace, qui, là où tout à l'heure les vaisseaux à grand tirant passaient voiles dehors et barre au vent, arrêtent les humbles barques sans leur laisser même l'espoir de se renflouer au flot prochain.

Contre ce danger de tous les parages et de tous les instants, il n'y a qu'une défense: la prudence et l'adresse des navigateurs. Il faut avoir la sonde en main, l'œil au guet, être prêt à la manœuvre et ne pas s'y tromper d'un brin de fil.

Notre tâche, à nous, est de déterminer, aussi exactement que possible, les circonstances dans lesquelles on est le plus exposé à donner dans ces sables mouvants.

Souvent la peur d'un mal fait tomber dans un pire,

a versifié le sage Boileau.

Gardons-nous donc également de la disposition habituelle à la pusillanimité, et des sursauts de frayeur qui ébranlent les nerfs et troublent le cerveau. Mais ne nous laissons pas aller à une sécurité qui est trompeuse dès qu'elle endort. Les conditions qui semblent le mieux faites pour éloigner toute alarme, sont quelquefois grosses d'accidents. « Il ne suffit pas, dit avec raison le *Spectator*, pour faire un mariage heureux, que l'humeur des deux époux soit semblable ; je pourrais citer cent couples qui n'ont pas gardé le moindre sentiment d'amour l'un pour l'autre et qui sont pourtant tellement semblables d'humeur que, s'ils n'étaient pas déjà mariés, le monde entier les déclarerait faits pour être mari et femme. »

Qui se ressemble s'assemble ; les angles sortants s'adaptent aux angles rentrants ; les électricités de nom contraire s'attirent et celles de même nom se repoussent ; on se plaît par les contrastes, et on se complète par les différences ; tout s'accepte plutôt que les incompatibilités d'humeur.—Voilà une liste de termes contradictoires qu'on pourrait indéfiniment allonger. Les maximes se démentent les unes les autres et elles n'en sont pas moins vraies chacune en son particulier. On voit dès lors sur quel terrain mouvant nous marchons, et de quelle absolue nécessité sont la netteté du coup d'œil et la souplesse des allures dans ce domaine du relatif.

Pour l'homme, le premier soin, c'est de jeter au rebut un stock d'opinions et d'idées courantes sur la femme, dont les jeunes gens et les vieux célibataires font leur évangile quotidien. On lit dans les Védas: « Celui qui méprise une femme méprise sa mère. » Beaucoup d'hommes ne croient pas manquer à leur mère en entretenant sur les femmes en général des théories plus que sceptiques. Qu'ils méditent le précepte des Védas. Le Français a trop vive dans l'esprit la vieille logique des races dont il est un rejeton, pour ne pas comprendre la rigoureuse vérité de cette parole de nos ancêtres aryens. Il y ajoutera finement ce corollaire: Qui méprise une femme méprise sa femme ; et il concluera que le respect de la femme est une condition essentielle dans la constitution de la famille, car si le mari, ayant eu commerce avant le mariage avec tant de femmes qu'il se croyait le droit de mépriser, généralise les données plus ou moins exactes de son expérience de jeune homme, et n'accorde son estime à sa femme que sous bénéfice d'inventaire, comment l'élèvera-t-il ou la maintiendra-t-il à la hauteur de sa mission, et pourquoi ses enfants ne la mépriseraient-ils pas aussi ?

Ce respect se traduit de diverses façons, suivant les positions sociales et l'éducation reçue. Il suffit qu'il existe. Un critérium à peu près certain, c'est le ton de politesse qui règne entre les époux. « L'intimité, dit l'auteur des *Doutes sur différentes opinions reçues dans la société*, qui doit exclure le compliment et la cérémonie, se détruit infailliblement dès qu'on en bannit la politesse. »

On entend bien—l'auteur prend soin de l'indiquer—qu'il ne s'agit pas ici de formules banales et de conventionnalités mondaines, mais bien de cette politesse de cœur qui inspire l'aménité des manières et répand autour d'elle comme une chaude atmosphère de bienveillance et d'affection.

Cette politesse entre époux manque souvent. On en a fait mille fois la remarque. Si, dans une compagnie, un homme néglige avec affectation une femme et s'efforce d'être aimable avec les autres, il y a gros à parier qu'il est le mari de la première.

« J'étais, raconte Chamfort, à table à côté d'un homme qui me demanda si la femme qu'il avait devant lui n'était pas la femme de celui qui était à côté d'elle. J'avais remarqué que celui-ci ne lui avait pas dit un mot ; c'est ce qui me fit répondre à mon voisin : « Monsieur, ou il ne la connaît pas, ou c'est sa femme. »

S'il ne l'avait pas connue, il n'aurait eu de cesse qu'il n'eût fait sa connaissance : c'était bien sa femme.

Les résultats d'une telle conduite sont faciles à prévoir. La femme, justement froissée, se sent éloignée et s'éloigne ; et les privautés, souvent grossières, du tête à tête, par lesquelles tant de malotrus pensent compenser les froideurs et les dédains marqués en public, sont, dans les circonstances, le contraire de ce qu'il faudrait pour la ramener.

Les rudesses, les mots qui bafouent ou rabrouent dans l'intimité, doivent avoir, et ont, un effet analogue. « Si on savait, dit une romancière contemporaine qui se cache sous le pseudonyme d'Ary Ecilaw, combien, pour une femme à qui son mari n'en accorde jamais, la sympathie a une attirance ! combien il est doux et dangereux de se voir comprise par un autre, ou bien de s'entendre répéter qu'on est une sotte ! »

On voit où cela mène, et ce qui se trouve fatalement au bout.

Vous creusez un fossé, vous y poussez votre compagne, et vous vous indignez de la culbute !... Vous êtes de plaisants compagnons !

Ce que nous venons de dire ne s'applique pas moins aux dames qu'aux messieurs. Les femmes, même les mieux élevées et les plus entichées de belles manières, ont une remarquable propension à lâcher la bride aux gros mots dans l'intimité du foyer, en s'adressant à leurs maris. L'être idéal, immatériel, qui, dirait-on, ne touche pas terre, se nourrit d'ambroisie, et apparaît avec de vagues ailes d'ange dans le dos, sait, à l'occasion, se servir d'un vocabulaire dont rougirait le plumage du Vert-Vert des nonnes de Gresset. Les mots sont comme de fines flèches empennées et barbelées. Ils pénètrent profondément et restent dans la blessure qu'ils enveniment. On a de l'indulgence, de l'indifférence ; on secoue les épaules ; on rit ou l'on a pitié. Mais, si fort qu'on soit, on est atteint, et, si l'amour y résiste, ce n'est pas sans s'affaiblir ou sans y prendre de l'aigreur.

Cette grossièreté provocante et acerbe n'est, d'ailleurs, pas plus à redouter que je ne sais quelle vulgarité de propos, assez commune chez les femmes, et dont l'effet le plus certain chez le mari est l'impatience ou l'écœurement. L'auteur de *A Woman's Thoughts upon Women (Pensées d'une femme sur les femmes)* a représenté en traits assez vifs ce côté du caractère féminin.

« Celle qui, à l'instant où l'infortuné mari rentre à la maison, s'attache à lui avec un long récit de griefs domestiques, réels ou imaginaires,—lui disant que le boucher n'apporte jamais sa viande à l'heure, que le boulanger marque des pains en trop, qu'elle est sûre que la cuisinière boit, que le cousin de

Mary a prélevé son dîner hier sur le gigot de mouton,—eh bien, une telle femme mérite ce qu'elle reçoit: froideur, paroles aigres, empressement à se plonger dans quelque journal ; quelquefois un cigare allumé de colère, une promenade dehors, sans invitation de l'accompagner, ou le cercle. Pauvre petite femme ! Elle reste à pleurer sur son foyer solitaire, ne s'avouant pas qu'elle a tort, mais seulement qu'elle est très malheureuse et très mal traitée. Pourrait-on se permettre de recommander à son attention une maxime qui vaut de l'or ?— « N'importunez jamais un homme de choses auxquelles il ne peut remédier ou qu'il ne comprend pas.... »—Et quand il revient, l'honnête homme ! peut-être un peu repentant de son côté, il n'y a qu'une conduite que je conseille à toutes les femmes sensées: l'entourer de ses bras et retenir sa langue. »

« Le bonheur conjugal, dit Carmen Sylva (on sait que tel est le nom dont il plaît à la reine de Roumanie de signer ses écrits), est souvent compromis par une simple différence de vocabulaire. »

Efforcez-vous donc, jeunes époux, de parler la même langue, et, s'il est nécessaire, que celui des deux qui sait le moins prenne des leçons de l'autre, simplement, naturellement, avec la naïveté du cœur et la docilité de l'amour.

On trouve, dans Henri Heine, cette très juste remarque, suivie d'une comparaison que chacun peut varier suivant ses sensations et son goût :

« Rien de triste, pour un homme instruit, comme de vivre avec une femme qui ne sait rien.

« Il éprouve l'ennui vague et très réel que donne dans une chambre la vue d'une pendule qui ne va pas. »

Ou qui va trop et bat la berloque. Telles ces « bonnes bourgeoises », que montre Mercier dans son *Tableau de Paris*, « qui dissertent à perte de vue sur des riens, érigent en événements les moindres incidents domestiques, parlent des méfaits de leurs servantes comme de crimes publics et ne trouvent d'autre diversion à une conversation oiseuse qu'un jeu non moins oiseux. »

Plus d'un homme intelligent, cultivé, voué, par goût ou par nécessité de position, à la science, ou aux lettres, ou aux arts, s'est trouvé, avant de s'en être rendu compte, attelé à une « bourgeoise » de cette sorte. Quelquefois le courage manque, on jette le manche après la cognée, et, le mariage étant un piège, on s'en dépêtre comme on peut. Le plus souvent on fait la part du feu, on s'arrange pour dédoubler son existence, et, content de trouver à l'intérieur certaines satisfactions matérielles au-delà desquelles il serait vain de rien prétendre, on cherche au dehors l'accomplissement des promesses que le mariage n'a pas tenues.

La chose ne se fait ni sans tiraillements, ni sans douleurs. Car si rien n'est « plus embarrassant que d'avoir pour femme ou pour mari une personne ridicule, lorsqu'on ne l'est pas soi-même », et si « c'est un sujet habituel d'humiliation, ou tout au moins d'inquiétude[10] », il est difficile d'en prendre son parti, et encore plus difficile de faire entendre raison à celui des deux qui prête à rire, la nature humaine étant ainsi faite que les prétentions sont d'autant plus étendues et exigeantes que le mérite est mince et de mauvais aloi.

C'est bien là « ce tourment de toutes les minutes dont parle Philarète Chasles, qui

---

[10] *Doutes sur différentes opinions reçues dans la Société.*

s'empare de nous quand nulle sympathie d'intelligence ne nous attache à ce que notre cœur aime. » Jean-Paul Richter a tracé le tableau poignant de ce supplice en des pages que je demande la permission de reproduire dans la traduction que le grand critique que je viens de citer en donnait il y a près de cinquante ans.[11]

« Une mort intellectuelle saisit le jeune homme ; il s'assit dans le vieux fauteuil et couvrit ses yeux de ses mains. Il vit se soulever cette brume qui nous cache l'avenir ; à ses regards se révéla sa vie future, vaste espace aride, couvert de cendres et des débris de feux éteints ; perspective désolée, jonchée de feuillages jaunis, de rameaux desséchés et d'ossements qui blanchissent sur le sable. Il

---

[11] Ph. Chasles, *Caractères et Paysages* ; p. 67. Paris, 1883, in-8°.

reconnut que l'abîme entre son cœur et celui de Lenette irait toujours se creusant, il le reconnut avec un désespoir profond, avec une netteté désolante. Jamais tu ne peux revenir, ancien amour, amour si pur et si beau. Lenette ne quittera jamais son obstination, sa froide réserve, ses habitudes étroites. Son cœur est à jamais frappé de mort, sa tête est fermée à jamais à toute pensée ; elle est destinée à ne le comprendre jamais, à ne jamais l'aimer...

« Lenette était assise et continuait de travailler sans rien dire. Son cœur blessé reculait devant les regards et les paroles, comme on se garantirait de l'atteinte des vents glacés. La nuit tombait ; elle n'alla pas chercher de lumière, elle aimait mieux l'obscurité.

« Alors on entendit tout à coup un musicien errant s'accompagner avec la harpe, pendant que son enfant jouait de la flûte...

« Leurs cœurs étaient pleins et serrés. L'harmonie vint les frapper comme de mille piqûres. Jamais notre âme ne parle plus haut que lorsque la musique l'éveille ; rossignol, qui ne chante jamais mieux qu'après un écho sonore. Ah ! que d'anciennes espérances surgissent tout à coup ! Combien de souvenirs il retrouva quand les arpèges de la harpe rappelèrent les temps passés à sa mémoire ! Il se revoyait jeune, plein de désirs, confiant en l'avenir, cherchant un cœur fait pour l'aimer, un esprit fait pour le comprendre... Joies perdues ! promesses menteuses ! que de désappointements ! Où est celle qui devait lui payer son amour par du bonheur ?

« *Je ne l'ai point trouvée !* Ces mots retentissaient comme une dissonance au milieu de la mélodie. Ses parents bien-aimés, les bocages de la maison maternelle reparaissaient à ses yeux ; la musique les évoquait, ainsi que les amis et les affections de son premier âge... Et maintenant pas une âme pour l'entendre, pas un être qui l'aime !...

« Les musiciens se turent. Cette pause solennelle augmenta son émotion ; il s'approcha de Lenette, et d'une voix tremblante il lui dit: *Allez donner cela aux musiciens.* A peine les derniers mots furent intelligibles. La clarté des bougies de la maison située en face frappait le visage de Lenette ; elle avait, à son approche, affecté d'essuyer la vitre que son haleine avait ternie. Il s'aperçut que des torrents de larmes muettes s'échappaient de ses yeux.

« *Lenette*, dit-il plus doucement, *je vous en prie, portez-leur cela, ils vont s'en aller.*

« Elle prit la pièce de monnaie ; leurs regards se rencontrèrent, mais ceux de la femme étaient déjà secs, tant leurs âmes étaient devenues étrangères l'une à l'autre ! Ils étaient parvenus à cet état déplorable, où une émotion commune n'échauffe et ne réconcilie pas. Le besoin d'affections partagées inondait son être, mais le cœur de Lenette n'était plus à lui. Il aurait voulu l'aimer, il en sentait l'impossibilité déchirante ; il connaissait cette nature aride et vulgaire. Il s'assit dans l'embrasure de la fenêtre, sur laquelle il appuya son front brûlant. Lenette y avait par hasard placé son mouchoir trempé de ses larmes ; car la malheureuse créature, après une journée de contrainte, avait beaucoup pleuré.

« Ce mouchoir humide frappa le jeune homme comme un remords. Les musiciens recommencèrent ; la voix et la flûte seules chantaient:

Les morts sont morts, c'en est fait pour toujours !

« Une angoisse nouvelle le saisit comme un linceul de glace. Il pressa le mouchoir sur ses yeux humides, et répéta en sanglotant:

« —Oui, oui, c'en est fait pour toujours !

« La pensée du trépas se présenta à lui ; ce fut une espérance ; il lui sembla que les musiciens, en marquant la mesure, sonnaient les dernières heures de sa vie ; il se vit descendre dans le tombeau et respira.

« Bientôt il entendit Lenette entrer et allumer une chandelle. Il alla vers elle et lui donna le mouchoir. Si désolé, si navré, si abattu, il avait besoin de se rattacher à un être humain quel qu'il fût. Lenette n'était plus la femme de son choix ; mais elle souffrait, mais elle avait pleuré. Lentement, sans se baisser, sans prononcer un mot, il l'enlaça de ses bras et l'attira ; mais elle détourna la tête froidement, avec dégoût, se dérobant à son baiser. Il en ressentit une peine aiguë.

« *Suis-je donc plus heureux que toi ?* dit-il.

« Puis, laissant tomber sa tête sur celle de Lenette, il la pressa sur son sein. Vains embrassements ! Alors des profondeurs de son âme, mille voix jaillirent et répétèrent: C'en est fait pour toujours ? »

Le besoin de distractions extérieures, de divertissements, de fêtes, de plaisirs mondains est un écueil trop connu et contre lequel on est, de toute part, trop mis en garde pour que nous y insistions. Pour être intéressant et vraiment pratique, il faudrait entrer dans le détail. Mais la revue, même rapide, des occasions et des formes de dissipation que la vie du monde offre chaque jour, remplirait tout un volume aisément. Force nous est donc de nous en tenir à l'expression généralisée de notre pensée.

Eh quoi ! dira-t-on. Vous ne permettez même pas qu'on danse ?...—Si vraiment, faites de la musique, chantez, dansez, amusez-vous de mille manières, mais faites-le franchement, sans apprêt ni arrière-pensée, et surtout dans des conditions telles que vos devoirs ne restent pas en souffrance à la maison.

Ce n'est pas ce qu'il y a de plus facile, s'il faut en croire le *Code conjugal* d'Horace Raisson: « Le bal, tel que nos usages l'ont fait, a cessé d'être une distraction agréable ; les apprêts en sont un travail, le plaisir en est une fatigue, et le résultat un danger. »

Je retrouve, dans de vieux papiers, des vers juvéniles qu'en raison du sujet traité je me hasarde à transcrire. A défaut d'autre mérite, ils ont celui d'être inédits:

I

Un bal est, à vrai dire, une superbe chose.
Tournoyer en ayant sur la tête une rose,
Un bleuet, des épis, des fruits ou du foin vert
Artistement montés avec du fil de fer,

C'est un bonheur auquel s'abandonnent les femmes
Sans pouvoir résister. L'horizon que les flammes
Du soleil d'Orient empourprent au matin,
Ne brille guère auprès des habits de satin
Irisés de reflets par la lueur des lustres,
Les larges escaliers, les piliers, les balustres,
Les salles où l'on se presse, et les parquets cirés
Où le novice tombe, et les vieux murs dorés,
Et l'orchestre entassé dans une loge étroite,
Les hommes saluant du geste, à gauche, à droite,
Les femmes portant rouge et dents et cheveux faux,
Se cherchant l'une à l'autre, en riant, des défauts,—
Oh ! c'est un beau coup d'œil ! plus beau que, dans les plaines,
Les sapins se courbant aux nocturnes haleines ;

Que les buissons d'avril pleins de fleurs et d'oiseaux,

Et la chanson du vent à travers les roseaux.

Le poète est un fou que l'on comprend à peine ;

Il croit donc à la femme une âme plus qu'humaine,

Puisqu'il l'adore ainsi qu'on adorerait Dieu,

Et qu'il souffre de voir tant d'hommes au milieu

De ces femmes faisant, pour cela seul venues,

Des exhibitions de leurs épaules nues !

Ces regards, ces souris que l'on jette en passant ;

Ces valses où le sein palpite, frémissant

Sous la main d'un butor qui raille ou qui s'enivre ;

Cette école où la nuit, pour apprendre à bien vivre,

Va la fille au front pur que sa mère conduit,—

Il croit que tout cela ne vaut pas un réduit

Obscur, sous le feuillage, alors que le ciel sombre
S'illumine des feux lointains d'astres sans nombre,
Et que l'air, se chargeant de la rosée en pleurs,
Fait monter au cerveau le doux parfum des fleurs.

II

En bas: des murs, des fleurs, du sable, des feuillages ;
Un filet d'eau tombant d'un roc en coquillages ;
Une glace au milieu d'arbrisseaux enlacés
(Meuble tout pastoral !) ; des lampions bercés
Au vent qui souffle frais sous l'étroit péristyle.
En haut, de grands salons empire, d'un beau style,
Où l'or des murs fait mal aux yeux enthousiasmés
De voir des fleurs parmi des flambeaux allumés ;

Les hautbois de l'orchestre envoient des notes aigres.
Des vieux, en cheveux teints, verts-galants, très allègres,
Choisissent pour danser les filles de quinze ans,
Et leur tiennent, tout bas, de ces discours plaisants
Qui font rougir toujours, et quelquefois sourire ;
—Le grand âge, en effet, autorise à tout dire.—
Les jeunes vont traînant parmi le tourbillon
Des mamans de grand poids, au teint de vermillon,
Ou portent en leurs bras de laides filles maigres,
Exhalant les parfums, les sels et les vinaigres
Du lointain Orient, fabriqués à Paris ;
Et l'amour, le chagrin, les haines, les mépris
S'enchaînent par les mains en dansant, face à face,

L'orage dans le fond, le calme à la surface ;
Calme plus effrayant que, dans les hautes mers,
L'âpre lutte des vents contre les flots amers.

III

Oh ! ce qui vaut bien mieux que ces bals où l'on sue,
Où l'air vous pèse au front ainsi qu'une massue ;
Où pour mieux respirer, on brise d'un bâton
Les fenêtres[12] ; où fleurs, tulle, fil de laiton,
Satin, franges, rubans, paillettes et dentelles
Dont s'enorgueillissaient follement les plus belles,
Sur le parquet fumant sont couchés au matin,

---

[12] Historique: l'auteur a été témoin du fait dans un grand bal officiel de province.

Comme de vains flacons après un grand festin ;
Où d'appétit la femme à l'homme le dispute,
Engloutissant gâteaux et sorbets dans la lutte ;—
Oh ! ce qui vaut bien mieux, c'est un profond amour
Où l'étoile la nuit, et le soleil le jour,
Comme en un lac d'azur calme, se réfléchissent.
Lorsque les rameaux verts en cadence fléchissent,
Que le ramier gémit auprès du nid natal,—
Loin des vaines rumeurs qui bourdonnent au bal,
Il est bon, il est doux, au fond des solitudes,
A l'abri du mensonge et de ses turpitudes,
De voir s'épanouir, comme une douce fleur,
Une femme ingénue, à l'âme grande, au cœur
Pur, et croyant encore au bien dans ce vieux monde ;
De sentir, en ce siècle où l'égoïsme abonde,

Que l'on vit pour une autre, et qu'on ne va pas seul,
Mais que, si le trépas vous jetait son linceul,
Un doux être mourrait de votre mort peut-être.
L'amour—oui, je le sais—est le sublime maître
Qui répand l'harmonie à flots sur l'univers,
Et met une auréole aux fronts d'ombre couverts...

De la dissipation à la paresse, il n'y a qu'un pas. La femme dissipée, lorsqu'elle ne trouve pas au dehors l'aliment propre à la frivolité de son esprit, lorsqu'elle est obligée, pour une raison ou pour une autre, de rester chez elle au lieu de se répandre dans le monde, se réfugie dans les rêves de la nonchalance et devient invariablement paresseuse. De même dans toute femme d'intérieur paresseuse il y a l'étoffe d'une dissipée.

« O femme, s'écrie poétiquement l'Américain Washington Irving, tu sais l'heure où revient le brave chef de la maison, lorsque la chaleur et le fardeau du jour sont passés. Ne le laisse pas alors, harassé de fatigue et accablé de découragement, trouver, en arrivant à sa demeure, que les pieds qui doivent accourir à sa rencontre errent au loin, que la douce main qui doit essuyer la sueur de son front frappe à la porte de maisons étrangères. »

Ceci pour les *mesdames Benoîton*. Ecoutons Michelet nous parler des casanières oisives, dont le cercle d'opérations s'étend du cabinet de toilette à la salle à manger, de la salle à manger à la chaise longue du boudoir, et de la chaise longue au lit. Les personnes malades, par suite souvent d'une activité trop grande, à qui ce programme est un supplice imposé, sont naturellement en dehors de nos appréciations.

« La femme qui laisse tout le soin du ménage à ses domestiques, et reste dans sa propre maison comme un hors-d'œuvre, perd bientôt l'équilibre, disait dès sa jeunesse l'illustre historien. Elle est prise d'ennui, elle bâille ou se fâche injustement à tort et à travers, comme il arrive chez ce pauvre T... qui n'a pas même son cabinet à lui pour s'y réfugier et s'y faire un peu de silence. Rien de plus triste. Une femme désœuvrée ou mal occupée, ce qui revient à peu près au même, est un véritable fléau pour le travailleur. Je ne saurais seul ordonner ma maison, la parer, mais je sens très bien que l'ordre, l'harmonie dans l'ameublement est, comme dans la toilette, une des puissances de la femme pour enserrer l'homme, assurer sa fidélité.

« Combien on doit se déraciner plus aisément d'un amour qui n'a pas ses harmonies ![13] »

Stendhal pousse le procès plus loin, et découvre une des causes pour lesquelles les ménages des riches sont si étrangement sujets à la désunion, à la désaffection, à l'indifférence et au dégoût. Il pose d'abord en principe que « sans travail il n'y a pas de bonheur ». Passant à l'application, il ajoute:

« Une femme qui a quatre enfants et dix mille livres de rente *travaille* en faisant des bas ou une robe pour ses filles. Mais il est impossible d'accorder qu'une femme qui a carrosse à elle travaille en faisant une broderie ou un meuble de tapisserie. A part quelques petites lueurs de vanité, il est impossible qu'elle y mette aucun intérêt ; elle ne travaille pas.

---

[13] J. Michelet: *Mon Journal.*

« Donc, son bonheur est gravement compromis. »

Quant à celui du mari, mieux vaut ne pas en parler.

Je trouve, dans un livre anglais d'observation fine et juste, dû à une femme, une série de portraits pris dans le vif du ménage et présentant, non sans une pointe de satire, les principales variétés de la maîtresse de maison. Nos lecteurs y prendront plaisir et nos lectrices en feront leur profit.

« Voici Mrs. Smith. Vous n'entrerez jamais chez cette dame sans entendre parler de changements dans son organisation domestique ; vous ne frapperez guère quatre fois à sa porte sans qu'une fille inconnue vienne vous ouvrir. Compter le nombre de servantes que Mrs. Smith a eues depuis son mariage embarrasserait son fils aîné lui-même, bien qu'il commence à apprendre la table de

Pythagore. Sur plusieurs vingtaines il est absolument impossible que toutes aient été si absolument mauvaises ; pourtant, à l'entendre, des suppôts de Satan sous forme femelle n'auraient pas été pires que celles par qui sa maison a toujours été hantée ;—cuisinières qui vendent les fritures et donnent au policeman les restes du rôti ; femmes de chambre qui ne savent que frotter et récurer, servir à table, laver la vaisselle, et se tenir propres pour répondre à la porte, mais qui—le croiriez-vous ?—n'ont jamais pu apprendre à bien coudre et à repasser le linge fin ! Bonnes d'enfant vicieusement jolies, ou se croyant telles, qui ont l'impudence de s'acheter des chapeaux « exactement comme mon dernier », avec des fleurs à l'intérieur ! Pauvre Mrs. Smith ! La question des servantes absorbe son âme entière. Toute sa vie est un combat domestique, combat de petitesses, à coups d'épingles, à coups de dents et de griffes. Elle a une bonne maison ; elle—je veux dire le mari, qui est généreux—donne de bons gages ; mais pas une servante ne veut rester à son service.

« Et pourquoi ? Parce qu'elle n'a pas ce qu'il faut pour être maîtresse. Elle ne sait pas gouverner ; elle ne sait que donner des ordres au hasard ; elle ne sait pas blâmer,—elle ne sait que gronder. Sans dignité réelle, elle essaie constamment d'en assumer l'apparence. Elle n'a que peu ou point d'éducation, mais personne ne porte sur l'ignorance des jugements aussi durs qu'elle... Une servante un peu intelligente a vite fait de découvrir qu'elle n'est pas « une dame » ; que, de fait, si on la dépouillait de ses robes de satin, qu'on vendît sa voiture et qu'on lui fît habiter le sous-sol au lieu du salon, Mrs. Smith ne serait pas d'un brin supérieure à sa cuisinière...

« La maison de Miss Brown est établie sur un plan tout différent. On n'y entendra jamais les petites querelles domestiques, les mesquines discussions entre la maîtresse et la bonne, injustice d'un côté et impertinence de l'autre. Miss Brown n'aurait jamais l'idée de chercher querelle à une servante, pas plus qu'à son chien ou à son chat, ou à toute autre créature inférieure. Elle remplit strictement son devoir de maîtresse ; elle paie régulièrement les gages,—gages très modérés, certainement,— car ses revenus sont fort au-dessous de sa naissance et de son éducation ; elle n'exige aucun service extra ; elle est d'une stricte exactitude à accorder à ses servantes les congés qu'elle doit,—à savoir le temps de l'office, de deux dimanches l'un, et une journée par mois. Son administration est économe sans être ladre. Il faut que tout aille avec la régularité d'une horloge ; sinon, un renvoi immédiat s'ensuit, car Miss Brown n'aime pas à avoir des reproches à adresser, même à la distance hautaine où elle se tient. C'est une personne consciencieuse et honorable, qui ne demande pas plus qu'elle ne donne elle-même ; et ses servantes la respectent. Mais elles ressentent de l'effroi devant elle ; elles ne l'aiment pas. Il y a comme un large gouffre entre leur humanité et la sienne. On ne croirait jamais que ses servantes et elle sont des femmes de même chair et de même sang, et qu'elles finiront de même en poussière et en cendres. Elle est bien servie, bien obéie, et c'est justice ; mais—et c'est justice encore—elle n'obtient ni sympathie ni confiance...

« Dans la famille très considérée de Jones, il y a les servantes les plus considérées du monde, adroites, vives, attentives, très convaincues de leur valeur et de leurs capacités. Elles s'habillent avec tout autant d'élégance que « la famille » ; elles sortent avec des ombrelles le dimanche et sur l'adresse de leurs lettres elles font mettre « Mademoiselle ». Elles conservent jalousement leurs privilèges et titres acquis, depuis les cadeaux des fournisseurs et la conversation, devant la porte entr'ouverte, avec un nombre illimité de soupirants, jusqu'au droit chèrement apprécié de répondre vertement à madame quand celle-ci risque une plainte. Et madame—bonne et facile créature—n'ose pas trop en risquer ; elle souffre maint désagrément, sans compter quelques dommages réels, plutôt que de donner un équitable coup de balai dans sa maison et d'anéantir en leur germe des fléaux qui bientôt envahiront tout comme des traînées d'herbes parasites...

« Voici maintenant le gouvernement de Mrs. Robinson. Depuis longtemps elle laisse aller les rênes, se renverse en arrière et sommeille. Où son ménage ira, Dieu seul le sait ! La maison est absolument livrée à elle-même. La maîtresse est trop bonne pour blâmer personne à propos de n'importe quoi,—elle est aussi trop inactive pour faire quoi que ce soit par elle-même ou pour montrer à le faire. Je suppose qu'elle a des yeux, et cependant on pourrait écrire son nom dans la poussière sur tous les meubles de la maison. Sans doute elle aime à avoir le visage propre et à porter une robe décente, car elle n'est pas sans avoir des goûts délicats ; cependant, pour Betty, sa bonne à tout faire, ces deux avantages paraissent être un luxe impossible à atteindre. Mrs. Robinson ne peut pas, ou se figure qu'elle ne peut pas, se procurer une « bonne » servante,—c'est-à-dire une femme capable, responsable, qui demande des gages en rapport avec ses services ;—en conséquence, elle se contente de la pauvre Betty, fille pleine de bonnes intentions, mais incapable de remplir les fonctions dont elle s'est chargée, et qui ne semble pas susceptible d'apprendre jamais à le devenir... Mais, quelle que soit l'insuffisance des servantes, toute maîtresse n'a-t-elle pas toujours, pour y suppléer en une certaine mesure, l'intelligence de son cerveau, et, au pis aller, l'activité de ses deux mains ? Avez-vous jamais considéré cette dernière éventualité, ma bonne Mrs. Robinson ? Betty aurait-elle moins de respect pour vous si elle vous voyait, tous les matins, épousseter une ou deux chaises ou abattre quelques araignées tapies dans leurs toiles,—faisant entrer en elle, en même temps que la honte de sa négligence, la conviction que ce qu'elle ne fait pas, sa maîtresse le fera ! Seriez-vous moins aimable aux yeux de votre mari, s'il découvrait que c'est vous qui avez fait d'abord, et qui avez ensuite enseigné à Betty à faire, le dîner qui lui agrée ? Aurait-il moins de plaisir à caresser vos doigts délicats, s'il y apercevait quelques piqûres d'aiguille gagnées à orner ou à raccommoder les choses du ménage ?...

« Voyez plutôt Mrs. Johnson. Je doute qu'elle soit plus riche que Mrs. Robinson. Elle s'est mariée à dix-neuf ans, ignorante comme une pensionnaire. Elle et sa cuisinière se sont instruites ensemble. Aujourd'hui encore, j'imagine que si l'on complimentait celle-ci sur quelque dîner de cérémonie, elle recevrait modestement les éloges en disant: C'est nous deux qui l'avons fait, madame et moi. Et cependant tout est si bien ordonné et va si régulièrement que l'arrivée inopinée d'un hôte ne nécessiterait qu'un couvert de plus sur la table et une paire de draps blancs dans le lit de la chambre de réserve. Quant aux bonnes d'enfant, Mrs. Johnson les a supprimées dès que ses fils ont pu marcher seuls. Si elle n'a pas d'autres enfants, ces deux garçons goûteront le bonheur infini de n'avoir jamais eu pour les soigner et les conduire d'autre femme que leur mère. Sans doute, c'est pour elle une vie très laborieuse, souvent pénible, et ses servantes le savent. Elles la voient occupée du matin au soir, toujours heureuse et gaie, mais toujours occupée. Elles auraient honte de rester oisives et feraient tout au monde pour rendre les choses moins pénibles à madame.[14] »

---

[14] *A Woman's Thoughts upon Women.*

La galerie n'est peut-être pas complète, mais elle se termine bien par une figure à qui toute femme doit vouloir ressembler. Que si quelqu'une n'y parvient pas, ou si même elle est trop dévoyée ou trop indifférente pour y tâcher, elle n'aura qu'elle à blâmer de la perte du bonheur qu'on a le droit d'attendre de la vie à deux. Le pire, c'est que le blâme lui viendra d'autre part. Je laisse de côté l'opinion du monde, d'autant plus sévère qu'on lui sacrifie davantage ; mais le mari n'est pas aveugle, et il sait d'où proviennent les ennuis, les mécomptes, les désagréments et les désillusions de toute espèce qu'il rencontre chaque jour et à tout propos dans son ménage, et qui finissent par lui en rendre le séjour insupportable, sinon odieux. Comment en saurait-il gré à celle qui devait faire de sa maison un lieu de repos et de délices, et qui en fait l'habitacle du gaspillage, du désordre et de la confusion ? L'amour le plus robuste n'y résiste qu'un temps. Que faire ? Se plaindre, s'emporter, parler en maître irrité, mais impuissant ? A quoi bon ?

Quereller en mariage
N'accroist grain, bien n'héritage,

non plus qu'il ne donne les qualités dont manquent les époux.

Le plus sage prend patience, supporte tout ce qu'il peut le plus longtemps qu'il le peut, et, lorsqu'il est à bout, prend son chapeau et s'en va.

Où va-t-il ? On peut le supposer, et la femme en a l'instinct, lorsque, seule et dépitée, elle se dit: S'il ne se plaît plus chez lui, c'est qu'il ne m'aime plus, car s'il m'aimait, comment se trouverait-il mieux ailleurs ?

Le raisonnement peut être bon, mais il y manque l'aveu qu'elle ne se rend pas aimable, et que le résultat dont elle souffre tant, elle a tout fait pour l'obtenir.

C'est ce que dit, en termes peu différents, le *Code Conjugal*:

« Il est un point dans le mariage sur lequel on n'insiste pas assez ; c'est que l'infidélité des maris, cette source permanente de trouble, de querelles et de réciprocités, est la plupart du temps le résultat du peu de peine que les femmes prennent pour leur plaire. Combien de jeunes personnes, charmantes avant le mariage, se croient, une fois unies à celui qu'elles enviaient pour époux, dispensées d'amabilité, de prévenances, de douceur même. Un jeune homme, avant de songer à se marier, a nécessairement connu le monde, étudié les femmes ; il sait que l'on tenterait en vain, par des plaintes, de réformer leurs travers ; il se tait donc, et se console de son mieux en s'éloignant d'un intérieur qui lui offre trop peu d'attraits. Mais la femme, dont toute l'expérience se borne à des souvenirs de pension, s'étonne d'abord, cherche à s'expliquer cette injurieuse froideur, et bientôt, de la bouderie passe aux reproches et à l'exagération.

« Une telle union sera pour les deux époux une source de peines et de maux. »

La conduite de l'homme, son scepticisme, son ironie, son dédain pour les faiblesses ou les ignorances féminines, sa vanité souvent cruelle pour l'amour-propre et les susceptibilités de sa compagne, peuvent amener inversement le même effet. En ce cas il est encore plus coupable, puisque, étant le plus fort et le plus éclairé, il doit être le plus raisonnable et le plus maître de lui.

Sans doute, comme le dit Horace Raisson, « si trouver toujours sa femme aimable n'est guère possible, l'être toujours soi-même n'est guère plus aisé. » Les caractères les plus unis ont leurs inégalités, et personne n'est à l'abri des influences fâcheuses qu'exerce sur la disposition de l'esprit une contrariété, un accident, une inquiétude, un malaise physique, parfois même une simple variation dans l'atmosphère. Mais les époux dignes de ce nom ne songeront jamais à en faire vis-à-vis l'un de l'autre un sujet de rancune ou de reproches ; au contraire, devant le chagrin de l'un, l'autre redoublera de prévenances, de tendresse et d'entrain, pour l'en guérir. Et il l'en guérira sûrement, car, comme l'a si bien remarqué sir John Lubbock, « un ami gai est comme un jour ensoleillé qui jette son éclat sur tout autour de lui. »

Ce qu'il faut éviter avec le plus grand soin, c'est que le ton morose et revêche ne devienne habituel. On s'accoutume à gronder, à déprécier, à se plaindre, à trouver tout de travers et à se mettre en travers de tout. Rien de plus pernicieux pour la paix commune.

« La mauvaise humeur est l'hiver des ménages », a-t-on dit.[15] L'image est d'une vérité saisissante, et fait passer comme un frisson.

Un moraliste du siècle dernier[16] remarque que « l'humeur est ordinairement le défaut des âmes sensibles ». Cette sensibilité même, qui fait qu'on est vivement ébranlé par les moindres choses, donne de l'importance aux plus petites contrariétés, lesquelles, se répétant de toute nécessité à chaque instant dans la vie, finissent par altérer le caractère, l'assombrir ou l'aigrir. Les femmes, qui sont naturellement plus sensibles que les hommes, doivent donc être particulièrement en garde contre ces exagérations de la sensibilité qui font les personnes acerbes, revêches et acariâtres.

---

[15] Horace Raisson: *Code Conjugal.*
[16] *Doutes sur différentes opinions reçues dans la Société.*

Le même écrivain ajoute, toujours parlant de l'humeur : « Elle rend le commerce difficile et fâcheux. Lorsque le caprice s'y joint, il n'y a plus moyen d'y tenir. Autant vaudroit-il vivre avec la folie. »

Un des hommes les plus distingués de l'Angleterre contemporaine, sir John Lubbock, exprime une pensée analogue mais plus réconfortante, dans son livre *The Pleasures of Life (Les Plaisirs de la Vie)*.

« Comme on pourrait le plus souvent, s'écrie-t-il, rendre heureux le foyer domestique, n'étaient les sottes querelles ou les malentendus, comme on les nomme si justement ! C'est notre faute si nous sommes grognons et de mauvaise humeur ; et même, bien que ceci soit moins facile, nous ne sommes pas forcés de nous laisser rendre malheureux par l'humeur chagrine ou le mauvais caractère des autres. »

Nous n'avons, en effet, qu'à dominer tout du haut de la sérénité de notre propre esprit. Mais si la recette est simple, tout le monde n'est pas en état de l'exécuter. Mieux vaut peut-être souffrir de l'humeur chagrine de son compagnon ou de sa compagne, et travailler, avec toute l'ardeur et la force communicative de la sympathie, à lui rendre le calme et la joie.

Mais, quoi qu'il en soit des relations des époux entre eux, il « importe surtout de se garder d'un travers trop commun: celui de se plaindre à autrui des torts réels ou apparents de sa femme... Les fautes d'une femme retombent toujours sur son mari ; le moins qui puisse lui arriver, c'est le blâme d'avoir fait un mauvais choix.[17] »

---

[17] Horace Raisson: *Code Conjugal.*

Si c'est le mari qui se plaint, il se rend odieux ou ridicule, et, parvînt-il à exciter la pitié, il n'en serait que plus pitoyable.

Fuller donne à ce propos un conseil que les jeunes maris oublient souvent par trop d'ardeur, et que les vieux négligent parce que, d'ordinaire, plus on est vieux et plus on aime à geindre.

« Défauts cachés sont à moitié pardonnés, dit-il. Tout le monde sait que c'est double travail de raccommoder les choses à la maison et de faire la langue des gens au dehors. Aussi un bon mari ne blâme-t-il jamais publiquement sa femme. Un reproche public est comme une pénitence infligée devant tous ceux qui sont présents ; après quoi, beaucoup cherchent moins à se réformer qu'à se venger. »

Cela n'empêche pas le tableau que trace M. Gustave Toudouze, dans un de ses romans,[18] d'être lamentablement exact.

« Oh ! s'écrie-t-il, cette paix menteuse de certains ménages, qui semblent les plus unis, les meilleurs des ménages, et qui, souvent, ne sont que de petits enfers !

« Dehors, sous les yeux du monde, tout paraît calme, enviable ; au dedans, tout est remué, turbulent, tiraillé par les mille secrètes misères des êtres incompatibles liés au même anneau. La surface est unie, miroitante, reflétant la paix, la joie ; le fond est boueux, agité, traversé de monstres invisibles ; fond et surface d'étang, d'eau dormante.

---

[18] *Le Train jaune.*

« Qui devinera derrière ce masque les bouderies, les disputes, les froids de glace succédant aux colères rouges, les allusions mesquines et cruelles se renouvelant sans cesse, les froissements d'amour-propre, les souffrances morales ou physiques, les puérilités méchantes, toute la guerre misérable et renaissante que se font deux natures qui ne se comprennent pas et que chaque jour sépare davantage ? »

Et que servirait-il qu'on les devinât ? Ayons la pudeur de nos plaies et ne faisons pas concurrence aux misérables qui étalent le long des chemins leurs moignons rouges et leurs ulcères purulents.

Même pour les cas désespérés dont le romancier parle, s'il y a encore une chance de cure, c'est dans la discrétion qu'elle gît. « Toute maison divisée contre elle-même périra », dit l'Écriture. Combien plus est-ce vrai pour les maisons dont les divisions sont proclamées à la face du monde !

Quand un mari et une femme sont avertis que leur mésintelligence est connue de ceux qu'ils fréquentent, il semble que le monde entier se mette entre eux pour empêcher tout accommodement. Aucune faute n'est plus irrémissible, aucune catastrophe plus irréparable que celle où l'on est poussé par l'amour-propre ou le respect humain.

Le grand point, ici comme ailleurs, est d'aller droit devant soi, faisant son devoir suivant les dictées de sa conscience, sans s'inquiéter des applaudissements ou des clabauderies des spectateurs. La vie à deux demande, sans doute, plus de complaisance, d'indulgence, de compromis et de sacrifices qu'aucune autre ; mais n'exagérons rien et, tout en étant attentifs et dévoués, ne soyons ni timorés, ni tatillons. « Le bonheur dans l'habitude doit être ménagé avec sagesse si l'on veut assurer à l'amour sa durée », dit Michelet. Il dit aussi: « Servons ceux que nous aimons dans les choses importantes, mais ne nous dépensons pas en *pièces de quatre sous.* »

Chapitre VI

Craquements et ruine

Engagé dans ces sables mouvants, dont nous venons d'exposer succinctement la nature et la changeante topographie, le navire conjugal ne tarde pas à craquer de toutes parts, jusqu'à ce qu'un coup de vent ou la poussée des vagues en détermine la dislocation finale.

« C'est en ménage surtout que l'on doit méditer ce proverbe: *La discorde des matelots submerge le vaisseau.*[19] »

---

[19] Horace Raisson, *Code conjugal*.

Ici, les matelots ne sont que deux ; s'ils ne manœuvrent pas ensemble, le navire nécessairement périt.

Quand on en a pris son parti avant le mariage, qu'on n'a vu, dans l'union contractée, qu'une association de convenances ou d'intérêts, les conséquences, quelles qu'elles soient, sont acceptables puisqu'elles sont prévues ; mais, si rien ne tourne au tragique, tout est lamentablement nauséabond et plat. C'est une situation plus à la mode de son temps que de nos jours, que Chamfort dépeint en ces quelques lignes: « Un homme de qualité se marie sans aimer sa femme, prend une fille d'opéra qu'il quitte en disant: « C'est comme ma femme » ; prend une femme honnête pour varier, et quitte celle-ci en disant: « C'est comme une telle » ; ainsi de suite. »

On dirait que ce gentilhomme ne s'est marié que pour être plus libre. Sinon, pourquoi se mariait-il ?

La liberté, d'ailleurs, en de semblables occurrences, est réciproque. Sous leur commune raison sociale, le mari et la femme vivent chacun de son côté, et le mariage ainsi compris n'a rien à faire avec le problème de la vie à deux.

Mais cette philosophie parfaite, dont le bonhomme La Fontaine a donné l'exemple et la formule, n'est ni à la portée ni au goût de tout le monde. Horace Raisson parle de « ces esprits chatouilleux, de ces caractères intraitables, qu'un rien effraie ou rebute », et il déclare fort sensément que « c'est à eux de savoir rester dans le célibat, ou de se résigner à faire ici-bas l'apprentissage du purgatoire. »

Sans parler de ceux-là, qui ne sont pas plus propres à se marier qu'un paralytique à faire un soldat, que de maris et de femmes empoisonnent leur vie conjugale et la rendent impossible, faute de comprendre qu'on ne reçoit qu'autant qu'on donne, et que tout autre marché est pure et simple duperie.

« Je ne comprends pas, dit La Bruyère, comment un mari qui s'abandonne à son humeur et à sa complexion, qui ne cache aucun de ses défauts, et se montre au contraire par ses mauvais endroits, qui est avare, qui est trop négligé dans son ajustement, brusque dans ses réponses, incivil, froid et taciturne, peut espérer de défendre le cœur d'une jeune femme contre les entreprises de son galant qui emploie la parure et la magnificence, la complaisance, les soins, l'empressement, les dons, la flatterie. »

Et, de fait, pourquoi la femme ne rendrait-elle pas à son époux

Fèves pour pois, et pain blanc pour fouace ?

D'un autre côté, si la femme fait au mari la vie dure, quand même elle resterait physiquement vertueuse et plus inapprochable qu'un dragon, le mari sera comparable aux ascètes qui se plaisent au cilice et se délectent à la fustigation, s'il ne quête pas sur terrain prohibé les douceurs et la tendresse qu'on lui refuse en ses légitimes domaines.

Lorsque les choses en sont arrivées à ce point, il se produit d'ordinaire une réédition du fameux débat du chasseur et du lapin. Le chasseur tue le lapin, mais c'est le lapin qui avait commencé. De même, c'est la première victime qui presque toujours reçoit les reproches et porte la responsabilité de fautes qu'elle n'a partagées qu'après en avoir souffert. Dans cette lutte devant l'opinion, la femme ne le cède en rien à l'homme en ardeur, en ruse, en astucieuse audace, et si elle est le plus souvent accablée, c'est que l'homme a plus de moyens qu'elle d'agir sur le mécanisme social, aussi bien vis-à-vis de la justice mondaine que vis-à-vis de la justice des tribunaux.

Il serait pourtant du devoir de l'homme, précisément parce qu'il est le plus fort, de laisser à la femme l'avantage dans un combat dont l'issue doit, après tout, les délivrer l'un et l'autre. D'ailleurs, s'il n'a pas toujours les premiers torts, il est bien rare qu'il n'en ait pas d'équivalents à ceux de la femme, au moins, sans compter celui—le plus grave—de n'avoir pas su—lui, le guide et le soutien—user de son expérience et de son autorité pour, dès le début, empêcher les faux pas.

En somme, la question est de détail et presque oiseuse. Avant d'en venir là, la courtoisie a dû être si souvent et si outrageusement violée de part et d'autre, qu'on ne peut guère s'attendre, au moment décisif, à ce qu'elle reprenne ses droits.

Nous n'insisterons pas et nous nous contenterons d'indiquer les trois solutions entre lesquelles les époux, irréparablement désunis de fait, ont le choix: conserver les apparences de la vie commune, par respect pour soi-même, par intérêt pour les enfants, afin de ne pas donner son nom et sa personne en pâture au scandale, et de maintenir du moins le cadre de la famille pour les êtres chers qui y ont reçu le jour et les premiers soins ;

La séparation de corps, qui éloigne les époux l'un de l'autre sans dissoudre l'union, et laisse une porte ouverte au retour ;

Le divorce, qui, tout en sauvegardant autant que faire se peut les droits (je ne parle pas des sentiments, car lorsque la loi touche aux sentiments, elle fait songer aux doigts d'un jardinier sur les ailes d'un papillon) des enfants, rend a chacun des époux sa liberté première, et leur permet ou de vivre désormais seuls ou de recommencer avec un autre, dans des conditions présumées meilleures, leur expérience de la vie à deux.

Nous ne discuterons pas la valeur respective de ces trois solutions. Nous recherchons comment on peut le mieux et le plus heureusement vivre à deux, et non le mode préférable de mettre fin à cette vie et de trancher l'unité sociale par moitiés. Cependant, dans tous les cas où ce serait possible, et il en est bien peu où ce ne le soit pas, nous inclinerions décidément vers la première. « Mieux vault deslier que couper », lit-on dans les proverbes de G. Meurier. C'est le seul moyen de maintenir aux yeux du monde la dignité de son existence, tout en dénouant des liens trop durs à porter ; c'est aussi le seul moyen, nous le répétons, de conserver aux enfants un milieu familial que rien ne peut remplacer, quelque restreint et refroidi qu'il soit ; car de ce que l'amour a cessé, ou même a fait place à l'aversion entre le mari et la femme, il ne saurait s'ensuivre que, dans le désastre, l'amour du père et de la mère pour les enfants ait également péri. Enfin, là où les apparences sont maintenues, la réalité peut toujours reprendre corps et, de quelques ruines qu'ait été fait le bûcher, on ne nous persuadera pas que, semblable au phénix, l'amour ne puisse parfois renaître de ses cendres.

C'est une chance qui vaut bien la peine qu'on la coure.

Chapitre VII

Ce qui lie soutient

C'est avec une sensation de soulagement réel que nous nous trouvons au bout de ce long et attristant chemin de croix, dont la première station est à la mairie, le jour du mariage, et la dernière au tribunal, le jour du divorce. Ce chemin de croix, il nous fallait le faire, à la suite des couples malheureux qui expient si chèrement tantôt l'erreur initiale, tantôt les imprudences ou les fautes commises pendant le cours de la vie à deux. Le meilleur moyen de bien faire voir la route, en un terrain non frayé, c'est de marquer les obstacles qui la coupent, les fondrières et précipices qui la bordent. La besogne est faite, nous n'y reviendrons plus.

Quiconque a lu des vers de mirliton connaît cet élégant distique:

Les liens du mariage,
Sont un doux esclavage.

Des liens, un esclavage,—fût-il doux,—cela n'a rien de bien tentant. C'est pourtant en ces termes qu'on parle communément du mariage, soit en vers, soit en prose. Nœuds, chaînes, fardeau, boulet, domination, tyrannie, servitude, varient l'expression, mais ne touchent pas au fond de la métaphore. Sans doute elle n'a pas surgi sans raison dans la langue des peuples, et les mauvais plaisants seuls n'auraient pas suffi à la répandre si universellement. Assurément elle a répondu à un fait réel. Elle y répond encore, puisque le fait reste écrit dans la loi: la femme doit obéissance au mari. Mais les mœurs sont plus fortes que les lois, et, de jour en jour, les mœurs bannissent du mariage la notion de domination d'un côté et de soumission de l'autre, pour y substituer l'accord raisonné et affectueux de deux volontés libres, dont les effets tendent à s'aider et à se compléter mutuellement.

Au seizième siècle, Shakespeare pouvait écrire :

Ton mari est ton seigneur ; ta vie, ton gardien,
ton chef, ton souverain ; celui qui s'inquiète de toi
et de ton entretien ; qui livre son corps
au travail pénible, et sur mer et sur terre ;
veillant la nuit dans les orages, le jour au froid,
pendant que tu es chaudement couchée à la maison bien en sûreté ;
et il ne demande de toi d'autre tribut
que de l'amour, un air aimable, et une véritable obéissance,—
paiement trop modique pour une dette si grande.
Le même devoir que le sujet doit au prince,
la femme le doit à son mari ;

et, lorsqu'elle est volontaire, acariâtre, maussade, aigre,

et insoumise à son honnête volonté,

qu'est-elle autre chose qu'une impure et déclarée rebelle,

qu'une perverse traîtresse, vis-à-vis de son seigneur aimant ?

J'ai honte que les femmes soient si simples

que d'offrir la guerre là où elles devraient demander à genoux la paix,

ou que de rechercher la règle, la suprématie et la domination,

là où elles sont tenues de servir, d'aimer et d'obéir.

Tirade qui fait songer, comme le remarquait naguère M. Auguste Vitu, dans une de ses chroniques théâtrales, à la célèbre boutade que Molière mettait, au siècle suivant, dans la bouche d'un de ses bons bourgeois:

Du côté de la barbe est la toute-puissance.
Bien qu'on soit deux moitiés de la société,

Ces deux moitiés pourtant n'ont point d'égalité...
Et ce que le soldat, dans son devoir instruit,
Montre d'obéissance au chef qui le conduit,
Le valet à son maître, un enfant à son père,
A son supérieur le moindre petit frère,
N'approche point encor de la docilité,
Et de l'obéissance et de l'humilité,
Et du profond respect où la femme doit être
Pour son mari, son chef, son seigneur et son maître !

Le poète lauréat d'Angleterre, lord Tennyson, parlant, il y a quarante ans, de la vie à deux, disait que la femme devait être à l'homme « comme une musique parfaite adaptée à de nobles paroles », et ajoutait que c'est le rôle de l'homme de commander, et celui de la femme d'obéir. Sur quoi Miss Wedgwood, dans un des journaux de la maison Cassell et Cie, *Le Monde de la Femme* (*The Woman's World*, juin 1888), fait cette remarque: « Ce passage assigne sa date au poème. Aujourd'hui, il y a encore des hommes qui commandent et des femmes qui obéissent ; mais l'obéissance a cessé d'être l'idéal du mariage. »

Il n'y a qu'à s'en féliciter. Toute sujétion implique contrainte, et toute contrainte d'un être libre implique bassesse, plus encore pour la personne qui l'impose que pour celle qui doit la supporter.

Il n'en est pas moins vrai que la vie à deux crée des devoirs réciproques, diversifiés par la différence des aptitudes et des fonctions dans les deux moitiés de l'unité conjugale, et que l'application à ces devoirs est la condition essentielle du bonheur et de la durée de l'union.

On a dit: « L'homme fait son état, la femme le reçoit. » C'est en effet sur la conduite, les manières, le ton de son mari, qu'une jeune épouse se règle.[20] »

Ce sont donc les devoirs du mari qu'il importe de déterminer d'abord. Ces devoirs, selon la juste observation de l'auteur du *Code conjugal*, « se trouvent écrits en quelque sorte dans la comparaison de sa constitution et de celle de sa femme. La force, la fermeté, le courage, la gravité en sont les principaux caractères. C'est donc à lui à défendre, délibérer, prévoir. Il lui est toujours facile de communiquer de la résolution, de la fermeté à sa compagne, d'étendre ses vues, d'élever ses sentiments, et de la délivrer de ces hésitations, de ces craintes, auxquelles sa constitution plus faible l'assujétit. »

---

[20] H. Raisson.

C'est ce que dit, en termes plus généraux et plus poétiques, W. Secker :

« La femme est le trésor du mari, et le mari doit être l'armure de la femme. Dans les ténèbres, il doit être le soleil qui la dirige ; dans le danger, le bouclier qui la protège. »

A peu près sur le même ton, l'Anglais Dodsley nous dit : « Elle est la maîtresse de la maison ; traite-la donc avec égards, pour que tes serviteurs puissent lui obéir.

« Ne te montre pas, sans motif, contraire à ses goûts ; puisqu'elle partage tes peines, fais-la participer à tes plaisirs.

« Reprends ses fautes avec ménagement ; n'exige pas avec rigueur qu'elle te soit soumise.

« Dépose tes secrets dans son sein ; ses avis partent du cœur, elle ne te trompera pas ; soislui fidèlement attaché, car elle est la mère de tes enfants.

« Si les maladies et les souffrances viennent l'assaillir, que ta tendresse soulage son affliction ; un regard de sensibilité ou d'amour adoucira sa douleur, ou modérera sa peine, et lui sera d'un plus grand secours que tous les médecins.

« Considère la faiblesse de son être ; la délicatesse de ses formes ; n'use pas de sévérité avec elle, souviens-toi de tes imperfections. »

Hippothadie dit à Panurge, dans le grand livre de François Rabelais: « Vous, de vostre costé, l'entretiendrez en amitié conjugale, continuerez en preud'hommie, luy monstrerez bon exemple, vivrez pudiquement, chastement, vertueusement en vostre mariage, comme voulez qu'elle de son costé vive. »

Tous ceux qui ont envisagé la question au point de vue pratique, sérieusement et sincèrement, parlent de même. « Vivez avec votre femme dans la plus grande union, dit un magistrat à son fils, au lendemain de la Révolution ; ayez pour elle tous les égards, tous les soins qui établissent la confiance et font naître l'intimité. Ne la gênez en rien dans ses goûts ; n'usez de l'autorité de mari pour la refuser que dans les cas où elle aurait des volontés dont les conséquences seraient dangereuses ; et même alors, n'employez jamais que l'empire de la raison, auquel elle finira nécessairement par céder. »

Un peu auparavant, l'auteur du livre *Les Mœurs* s'exprimait ainsi : « Qu'un mari qui veut être aimé travaille à s'en rendre digne ; qu'après vingt ans il se montre aussi attentif à ne point offenser, qu'au temps où il rechercha sa compagne. On gagne plus à conserver un cœur qu'à le conquérir. L'amour, l'honneur, les soins complaisants perpétuent les douceurs de l'hymen. Qu'il se souvienne donc que si, dans l'accord des deux sons, c'est toujours la basse qui domine, de même, dans un ménage réglé et uni, l'ordre et l'harmonie sont surtout l'effet des mesures sages du mari. »

Et tout cela se résume en cette grave et véridique parole de William Cobbett: « Jamais un mauvais mari n'a été un homme heureux. »

Est-ce à dire que tous les bons maris sont heureux ? Hélas ! les défauts se rencontrent des deux parts, et rien ne vient d'un des époux qui n'ait son action, agréable ou douloureuse, sur l'autre.

Dans les citations qui précèdent, il a été, et à juste titre, souvent question des égards, des attentions, de la politesse, que le mari doit à sa compagne, et sans lesquels la vie commune s'enlise peu à peu dans les vases sans fond de l'indifférence et de la grossièreté. Le *Code Conjugal* fait une distinction ingénieuse et nécessaire entre les égards dont nul galant homme ne se départ vis-à-vis de toute personne du sexe, et cette politesse du cœur que seule la tendresse peut dicter. « Il faut se garder, dit-il, de confondre les égards et les politesses ; ce sont choses fort dissemblables, et plus d'un mari, pour n'avoir pas su établir cette subtile distinction, a vu la paix déserter son ménage.

« Un mari confie à sa femme ses peines, ses inquiétudes ; il la consulte sur ses intérêts, et ne s'embarque pas dans une opération difficile avant d'avoir pris son avis: voilà des égards !

« Attentif, prévenant, un autre est constamment aux ordres de sa femme ; il l'accompagne au bal, au spectacle, ne va pas dans le monde sans elle, rentre toujours avec un visage aimable, risque même parfois un galant compliment: voilà de la politesse !

« M. de Labouisse, le plus ferme champion du conjugalisme, a dû dire quelque part, en parodiant un mot célèbre: « On doit des égards à toutes les femmes, on ne doit des politesses qu'à la sienne. »

« Il y a toutefois une exception à cette règle générale.

« Dans les mariages d'argent, qu'on appelle plus décemment mariages de convenance, les égards sont seuls rigoureusement dûs. »

Ceci, c'est la part du mari. Mais tout reste incomplet, dans le ménage, s'il n'y a qu'un seul des époux en jeu. C'est ce que rappelle, avec une remarquable netteté, cette page du journal d'Addison, *The Spectator*:

« Un homme a assez à faire de vaincre ses vœux et désirs déraisonnables ; mais c'est en vain qu'il y arrive, s'il a ceux d'une autre à satisfaire. Qu'il mette son orgueil dans sa femme et sa famille: qu'il leur donne toutes les commodités de la vie, comme s'il en tirait vanité ; mais que ce soit cet orgueil innocent, et non leurs extravagants désirs, qu'il consulte en cela... Nous rions, et nous ne pesons pas cette soumission à la femme avec la gravité qu'une chose de cette importance mérite... Une fois que vous lui avez cédé, vous n'êtes plus son gardien et son protecteur, comme la nature vous y destinait ; mais en vous faisant le complaisant de ses faiblesses, vous vous êtes rendu incapable d'éviter les malheurs où elles vous conduiront l'un et l'autre, et vous verrez l'heure où elle vous reprochera elle-même votre complaisance à son égard. C'est, il est vrai, la plus difficile conquête que nous puissions arriver à faire sur nous-mêmes, que de résister au chagrin de ce qui nous charme. Mais que le cœur souffre, que l'angoisse soit aussi poignante et douloureuse que possible, c'est chose qu'il vous faut endurer et traverser, si vous voulez vivre en *gentleman*, ou vous rendre témoignage à vous-même que vous êtes un homme de probité. Le vieux raisonnement: « Vous ne m'aimez pas, si vous me refusez ceci », dont on s'est d'abord servi pour obtenir une bagatelle, amènera, par son succès coutumier, le malheureux homme qui y cède à abandonner jusqu'à la cause de la patrie et de l'honneur. »

Un écrivain, qui donne à un journal du matin des chroniques mondaines justement remarquées pour la connaissance des personnes et l'expérience des choses dont il y fait preuve, consacrait un article, à propos des noces d'argent du prince et de la princesse de Galles, à rechercher la part qui revient à la femme dans le bonheur du ménage.[21] On ne trouvera pas mauvais que je rappelle ces pages, où le ton alerte ne nuit pas aux vues justes.

---

[21] Santillane, dans le *Gil Blas* du 10 mars 1888.

« L'art d'être heureux en ménage est beaucoup plus simple qu'un vain peuple ne pense et que la majorité des moralistes ne le prétend. Il consiste dans une indulgence perpétuelle de la femme envers l'homme et dans la courtoisie invincible de celui-ci envers celle-là. Pour que le foyer conjugal soit aimé, il faut que la fille d'Ève qui le préside le fasse aimable, et c'est seulement au prix de concessions incessantes qu'elle atteindra ce but. Le mari est un grand enfant, un grand enfant terrible, si vous voulez, avec les caprices duquel l'épouse doit compter, de manière à bénéficier du total de l'addition. Vouloir heurter de front ses caprices, s'élever de haut contre ses fantaisies, s'ériger en censeur implacable, se dresser en justicier infaillible, est une folie, et j'ajouterai, une mystification, de la part de l'épouse, et qui peut lui coûter le bonheur de sa vie. La femme, au foyer conjugal, doit être un camarade facile, agréable et de bonne composition, et non point un pion en jupon, pionnant de pionnerie.

« L'homme n'est pas parfait, chacun sait ça, et c'est à composer avec ses imperfections que doit s'appliquer la femme. Ce n'est point la faute du mari, comme le prétend la comédie, qui rend la plupart du temps les ménages malheureux, c'est la faute de l'épouse, c'est sa fausse interprétation des situations, son inintelligence de l'art des nuances, sa maladresse dans la conduite de ses propres intérêts. Ainsi, neuf fois sur dix, les dissensions intestines dans les ménages parisiens, ayant d'autre part toutes les conditions de fortune, d'âge, d'éducation pour être heureux, viennent du goût trop vif montré par le mari pour la vie au dehors, la libre allure de l'existence, le grand air à respirer à pleins poumons sans contrôle. La femme s'effraie de cette école buissonnière qu'elle s'imagine entachée de tous les attentats contre le respect conjugal ; elle jette feu et flamme, crie à la trahison, agite les foudres vengeresses, multiplie les scènes sur les scènes, et finalement fait de son foyer un enfer,—ce qui est une étrange façon d'y ramener l'époux émancipé. Ah ! l'inhabile et la malavisée !... Comme elle ferait œuvre plus féconde pour son bonheur en n'ayant point l'air de s'apercevoir des envolées de son époux, en ne leur faisant point l'honneur de leur attacher plus d'importance qu'elles ne comportent, en ne leur prêtant point à son égard une signification offensante qu'elles ne sauraient avoir ! Il plaît à monsieur de s'égarer sur les plates-bandes, c'est affaire à ses pas ; il lui convient de temps à autre de secouer la bride conjugale et de jouer à la vie de garçon, qu'il satisfasse son humeur ; ayant bon souper, bon gîte et le reste à domicile, il veut manger à la table d'hôte, courir les champs et coucher à la belle étoile, qu'il s'en passe la fantaisie ! C'est l'histoire du pigeon de la fable. Vous verrez, si vous lui laissez la route ouverte, comme il se lassera vite de sa liberté ; comme, maudissant sa curiosité, tirant l'aile et traînant le pied, il saura reprendre de lui-même le chemin du foyer et de combien de plaisirs il paiera votre peine !...

« La femme ne se doute pas assez de la somme de bonheur qu'elle se met sur la planche en ne faisant pas de son intérieur une prison sévère, en n'invoquant pas à tout propos les règlements du mariage. Moins elle élevera de barrières devant sa porte, moins son mari cherchera à s'échapper. C'est par l'atmosphère qu'ils respirent dans leur intérieur que les hommes y sont retenus, ce n'est point par les articles du Code ou les revendications de la morale proclamées à hauts cris. Plus une femme est irréprochable, plus elle est respectueuse de toutes les charges du foyer, plus elle peut se montrer facile, conciliante, indulgente ; car, sûre de la considération invincible de son mari, elle sait bien qu'une heure sonnera où il lui reviendra, à tout jamais, cette fois, comme à la seule et véritable amie, à la compagne au cœur éprouvé, au dévouement infaillible. L'indulgence de la femme dans la première période du mariage, c'est sa félicité assurée pour la dernière, l'affection de son mari se grandissant alors du repentir de ses torts à son égard et de toute la reconnaissance qu'il lui doit. En faisant acte de conciliation et d'abnégation, elle a joué à qui perd gagne et sauve sa mise de bonheur.

« Et ce rôle lui est facile, car les enfants sont là pour l'accaparer tout entière, la distraire, lui rendre les heures rapides. Le mari s'échappe du foyer un peu plus qu'il ne faudrait, qu'importe ! Les enfants y restent, eux, pour le remplacer, pour l'y rappeler, pour y plaider sa cause, pour lui garder intact le cœur même qu'il éprouve. Ah ! les enfants dans le ménage, quelle aide et quelle force, et comme le devoir lui devient facile, la résignation aimable, dès qu'on les regarde !...

« Dans la première phase du mariage, la mère absorbe l'épouse et il n'est point de femme, si dévouée qu'elle soit à son mari, qui ne soit prête à le sacrifier à ses enfants. C'est même ce souci si intense, si exclusif de l'enfant, au détriment du mari, qui amène le refroidissement des rapports dans tant de ménages et pousse au dehors du logis le chef de la communauté. Il voudrait associer sa compagne à ses distractions, jouir de sa compagnie, triompher de sa beauté dans les endroits publics, dans les salons, à toutes les manifestations de la vie parisienne. Rêve impossible ! Madame a ses enfants qui la retiennent au gîte, qui l'intéressent avant tout, qui lui prennent tous ses instants comme toutes ses préoccupations. Il faut qu'elle aille aux cours, au collège, au catéchisme, que sais-je ? Elle n'a pas le loisir de s'amuser, elle ! Que Monsieur ne se prive pas pour cela, d'ailleurs, des plaisirs auxquels il aspire ; elle en serait désolée ; à chacun son rôle ! Elle s'en tient au sien et le sien, à ses yeux, est celui de la mère.

« Monsieur profite de la permission, prend la clef des champs et se fait une douce habitude de vivre autant qu'il peut en dehors de la maison. Doit-on lui en faire un crime ? Il se sacrifie, lui aussi, à sa façon, aux enfants.

« Il faut bien le reconnaître, dans la classe des honnêtes femmes, des épouses impeccables, on ne s'efforce guère, la plupart du temps, de retenir le mari dans les liens conjugaux en les rendant aimables et attrayants. Je viens de vous signaler la place absorbante tenue par l'enfant dans l'existence des femmes, mais, en dehors de l'enfant, combien peu se donnent la peine de payer de leur personne en faveur du mari. Voyez l'indifférence montrée par la majorité des femmes sur leur propre compte, dès qu'elles n'ont que leur ménage pour théâtre de leurs exploits. Dès qu'elles ont mis le pied sur le seuil de leur porte, il semble qu'elles oublient les premiers éléments de cet art de plaire qu'elles pratiquaient si joliment dans le salon voisin, quelques minutes auparavant. Au lieu de cet air enjoué qui faisait tourner toutes les têtes, de ces répliques vives et fines qui faisaient ouvrir toutes les oreilles, un visage terne, une attitude morne, une conversation paresseuse.

« Du côté de la toilette, même jeu: à la robe chatoyante et charmeuse qui traînait tous les désirs dans ses sillons soyeux, succède le négligé, et quel négligé souvent ! Les bandeaux sont défaits, les pantoufles banales remplacent les souliers provocants, le molleton du *Bonheur des dames* couvre les épaules qui s'accommodaient si bien de la robe de la bonne faiseuse ; c'est un enterrement complet de grâce et de séduction.

« Tout cela est bien assez bon pour la maison ! » pense notre fille d'Ève. La fausse idée ! et la preuve, c'est la promptitude avec laquelle le fils d'Adam, son mari, lui annonce « qu'il a affaire » à la Bourse, au cercle, ou ailleurs. Les femmes doivent à leurs maris, a dit je ne sais plus qui, leurs qualités, leurs travers et surtout leur coquetterie ! Cela est bien vrai. Il faut de l'attrayant dans le ménage, ou gare !... »

L'homme n'a pas plus le droit que sa compagne de se négliger, moralement ou physiquement dans son intérieur. Autrement, il créerait les mêmes inconvénients et s'exposerait aux mêmes dangers.

Ce sujet, que je ne veux qu'effleurer, me remet en mémoire une amusante épigramme empruntée à la correspondance inédite de madame Roland.

En grasseyant, la divine Chloé
Disait un jour: « Qu'importe un œil, un nez !
Est-ce le corps ? C'est l'âme que l'on aime.
L'étui n'est rien. » Voici dans l'instant même

Que de l'armée arrive son amant ;
Taffetas noir, étendu sur la face,
Y couvre un nez qui fut jadis charmant,
Ou bien plutôt n'en couvre que la place.
Il voit Chloé, veut voler dans ses bras.
Chloé recule et sent mourir sa flamme.
« Mon Dieu ! dit-elle, est-il possible, hélas !
Qu'un nez de moins change si fort une âme ? »

C'est là de la morale facile, dira-t-on. Et qu'importe, si c'est de la morale pratique ! La vie est assez hérissée de difficultés naturelles sans qu'on la traverse encore, pour le plaisir, de banquettes irlandaises et de serpentines artificielles. Je ne vois guère qu'une chose sur laquelle le journaliste passe trop légèrement : c'est lorsqu'il parle des relations du mari et de ses enfants. Il semble que les enfants n'appartiennent qu'à la mère, que le père n'ait à leur donner ni sympathies ni soins. Cela arrive souvent, le plus souvent même, malgré bien des exemples du contraire, dans le monde pour lequel le chroniqueur écrit. Mais comme c'est tant pis pour les pères, dans ce monde-là ! Ailleurs, partout où le mari relaie, en ce qu'il peut, sa compagne dans les soins à donner aux petits, partout où il prend, si je puis dire, une part de la maternité,—et rien ne touche plus délicieusement la mère,—l'enfant, bien loin d'être une cause d'éloignement ou de refroidissement entre les époux, est entre eux la plus douce et la plus irrésistible des attractions.

Ce n'est pas à des ménages semblables que s'appliquent les remarques, les objurgations d'une femme chez laquelle les entraînements politiques n'ont pu ni alourdir l'esprit, ni refroidir le cœur. La femme est mère, elle est nourrice ; le mari se plaint d'être réveillé, dit madame Sévérine ; on fait chambre à part. Adieu l'amour ! Monsieur ira à ses affaires, bientôt à ses plaisirs ; Madame ne démarre plus du logis ; l'un court et l'autre couve !

« Eh bien ! non ! ce n'est pas le rôle de la femme, cela, et je ne saurais trop le répéter. Certes, il faut aimer ses enfants, et les protéger et les défendre, ces chères petites créatures qui sont la chair de notre chair et le fruit de notre amour.

« Mais il faut aimer par-dessus tout—écoutez bien ceci, mes jeunes contemporaines,—il faut aimer par dessus-tout « son homme », comme disent les femmes du peuple qui ont le sens juste en ces sortes de choses, car la vie leur est bien plus dure et bien plus enseignante qu'à nous.

« Et, par aimer, je n'entends pas seulement la fièvre des amoureuses, mais la bonne tendresse qui réconforte, remet le cœur en place et le cerveau à point. La maman ! je ne m'en dédis pas...

« Jeunes ou vieilles, allez, soyons des mamans dans la vie,—la maman des enfants, la maman de notre mari, la maman de nos amis, la maman des pauvres, de tout ce qui souffre et de tout ce qui se plaint. Nous trouverons des railleurs, soit ; mais la petite bête que nous avons là, dans notre corset, à gauche, aura bon chaud et sera contente. »

Oh ! l'indulgence, la patience, le pardon de la femme, jamais on n'en vantera assez la précieuse et réconfortante vertu. « En soignant tendrement mes faiblesses, déclare, au grand honneur de sa femme, un auteur écossais,[22] elle m'a guéri des plus nuisibles. Elle est devenue prudente par affection ; et bien qu'elle soit d'une nature très généreuse, elle a appris l'économie dans son amour pour moi. Elle m'a doucement arraché à mes dissipations ; elle a donné des tuteurs à un caractère faible et irrésolu ; elle a poussé mon

---

[22] Macintosh.

indolence à tous les efforts qui m'ont été utiles ou honorables ; et elle s'est toujours trouvée là pour gourmander mon insouciance ou mon imprévoyance. C'est à elle que je dois ce que je suis, à elle que je dois ce que je serai. »

Un prélat catholique,[23] tout en se plaçant à un point de vue plus général et plus élevé, tenait dans la chaire un langage identique. « Un homme, s'écriait-il, peut avoir de grands défauts, de grands vices ; il peut avoir ses heures d'irritation, où il traitera sa compagne avec des termes aussi durs qu'injustes : n'importe, si la femme est ce qu'elle doit être, il la respectera malgré lui, il aura en elle toute sa confiance ; et malgré les paroles violentes auxquelles souvent la passion fait semblant de croire quand elle les profère, le cœur restera fidèle, le cœur s'inclinera devant la vertu, le

---

[23] Landriot.

cœur aura confiance ; car c'est un autre privilège de la vérité, qu'il n'est pas permis à l'homme de mépriser longtemps et sérieusement une vertu que rien n'ébranle et qui persiste au milieu des plus dures épreuves. »

Tel est le mariage: « L'école la plus sûre de l'ordre, de la bonté, de l'humanité, qui sont des qualités bien autrement nécessaires que l'instruction et le talent. »

C'est Mirabeau qui l'a dit, et il serait difficile de le récuser comme partial.

L'auteur de *La Sagesse*, le vieux Charron, a écrit à ce sujet quelques lignes où se sent une émotion contenue, assez rare dans son œuvre. « Mariage, dit-il, est un sage marché, un lien et une cousture sainte et inviolable, une convention honorable ; s'il est bien façonné et bien pris, il n'y a rien de plus beau au monde, c'est une douce société de vie: pleine de constance, de fiance, et d'un nombre infini d'utiles et solides offices, et obligations mutuelles. »

J'emprunte encore cette page au *Spectator* d'Addison:

« Le mariage est une institution faite pour être la scène incessante d'autant de bonheur que notre être en est capable. Deux personnes qui se sont choisies entre toutes, dans le dessein d'être l'une à l'autre un encouragement et une joie, se sont, par cet acte même, engagées à être de bonne humeur, affables, discrètes, indulgentes, patientes, gaies, en face des fragilités et imperfections de l'une ou de l'autre d'entre elles, et cela jusqu'à la fin de leur vie... Lorsque cette union est ainsi gardée, les circonstances les plus indifférentes font éprouver du plaisir. Leur condition est une source incessante de joies. L'homme marié peut dire: Si le monde entier me rejette, il y a un être que j'aime absolument, qui me recevra avec joie et transport, et qui se croira obligée de redoubler de tendresse et de caresses pour moi, à cause de la tristesse dans laquelle elle me voit plongé. Je n'ai pas besoin de dissimuler les chagrins de mon cœur pour lui être agréable ; ces chagrins mêmes ravivent son affection.

« Cette passion qu'on a l'un pour l'autre, lorsqu'elle est une fois bien fixée, entre dans la constitution même de l'être, et y coule aussi aisément et silencieusement que le sang dans les veines... »

Douce manière de traverser la vie, appuyés l'un sur l'autre, bravant les mêmes dangers, savourant les mêmes joies, se relevant aux faux pas et se retenant aux heurts sans jamais tomber tout à fait, car le devoir, l'estime et l'affection les entourent d'indissolubles attaches, et ce qui lie soutient !

Chapitre VIII

AIMER ET CROIRE

Il n'est pas difficile, après ce qui a été dit déjà, de dégager, comme conclusion, cette véritable formule de la vie à deux: Aimer et croire. Ne craignons pas, cependant, d'y insister: c'est le point essentiel entre tous.

Le roi Alphonse de Portugal prétendait que, pour vivre en paix dans le mariage, il faut que l'homme soit sourd, et la femme aveugle.—Le roi Alphonse de Portugal parlait en cynique qui plaisante. Certes l'homme doit être sourd aux calomnies, aux médisances, aux insinuations perfides auxquelles la meilleure des femmes peut être en butte et, de même, la femme doit être aveugle, en ce sens qu'elle ne doit pas épier les pas et démarches du mari, l'espionnage étant chose vile, et qu'elle doit s'en remettre aveuglément à lui du soin des intérêts communs au dehors. Ce n'était point ce qu'entendait le roi Alphonse de Portugal, ou je me trompe fort ; et c'est en quoi lui-même se trompait. L'homme, au contraire, n'ouvrira jamais assez l'oreille pour écouter les paroles de tendresse et d'abandon de la femme qui l'aime ; et jamais la femme n'aura assez d'yeux pour regarder les attentions, les efforts et les travaux d'un mari qui la veut heureuse.

Croit-on qu'il était aveugle ou sourd le couple qu'Addison nous peint dans ce tableau d'une si délicieuse pureté de touche et d'une si parfaite exactitude de trait :

« Lætitia est jolie, modeste, tendre, et a assez de jugement ; elle a épousé Eraste, qui est doué d'un goût général pour la plupart des choses de l'intelligence et de l'art. Partout où Lætitia va en visite, elle a le plaisir d'entendre répéter qu'Eraste a bien dit ou bien fait telle ou telle chose. Depuis son mariage, Eraste est plus élégant dans son costume que jamais, et, dans le monde, il est aussi complaisant pour Lætitia que pour toute autre dame. Je l'ai vu lui donner son éventail, qui était tombé, avec toute la galanterie d'un amoureux. Lorsqu'ils prennent l'air ensemble, Eraste cultive toujours son esprit, et, avec un tour d'imagination qui lui est particulier, lui donne des aperçus de choses dont elle n'avait aucune notion auparavant. Lætitia est ravie de voir un monde nouveau ouvert ainsi devant elle, et s'attache d'autant plus à l'homme qui lui donne un enseignement si agréable. Eraste a encore poussé plus loin ; non seulement il la fait chaque jour plus aimante pour lui, mais il la fait infiniment plus satisfaite d'elle-même. Eraste trouve, dans tout ce qu'elle dit ou observe, une justesse ou une beauté dont Lætitia elle-même ne se doutait pas, et, avec son aide, elle a découvert chez elle cent bonnes qualités et perfections auxquelles elle n'avait jamais auparavant songé. Eraste, avec la complaisance la plus fertile du monde, à l'aide d'insinuations lointaines, trouve le moyen de lui faire dire ou proposer presque tout ce qu'il désire, et il accueille la chose comme une découverte venant d'elle, et il lui en donne tout le crédit.

« Eraste a beaucoup de goût pour la peinture. L'autre jour il emmena Lætitia voir une collection de tableaux.—Je vais quelquefois faire visite à cet heureux couple. Comme nous nous promenions, la semaine dernière, dans la longue galerie, avant le dîner: « J'ai mis de l'argent dans des peintures dernièrement, dit Eraste. J'ai acheté cette Vénus et cet Adonis purement sur l'avis de Lætitia. Cela me coûte soixante guinées, et ce matin on m'en a offert cent. » Je me tournai vers Lætitia, et vis ses joues briller de plaisir, pendant qu'elle lançait à Eraste un regard, le plus tendre et le plus aimant que j'aie jamais surpris. »

Le contraste ne se fait pas attendre ; en voici qui auraient besoin d'être aveugles et sourds:

« Flavilla a épousé Tom Tawdry. Elle a été séduite par son habit galonné et la riche dragonne de son épée. Mais elle a la mortification de voir Tom méprisé par toutes les personnes honorables de son sexe. Tom n'a rien à faire après dîner, qu'à décider s'il se taillera les ongles dehors ou chez lui. Depuis qu'il est marié, il n'a rien dit à Flavilla que celle-ci n'ait pu entendre dire aussi bien par sa femme de chambre. Néanmoins il prend grand soin de maintenir l'autorité arrogante et maussade d'un mari. Si Flavilla se permet d'affirmer quoi que ce soit, Tom immédiatement la contredit, avec un juron en guise de préface, et un: « Ma chère, je dois vous dire que vous débitez d'abominables sottises. » Flavilla avait le cœur aussi bien disposé pour toutes les tendresses de l'amour que Lætitia ; mais comme l'amour ne survit pas longtemps à l'estime, il est difficile de décider actuellement si c'est la haine ou le mépris qui l'emporte dans l'esprit de la malheureuse Flavilla pour celui avec lequel elle est obligée de mener jusqu'au bout la vie. »

C'est toujours là qu'il en faut revenir, à l'amour, à l'estime, à la confiance réciproque. Quand on fait tout pour mériter ces sentiments de son compagnon, ce n'est pas encore assez: il faut tout faire pour les lui accorder. Et il est, très malheureusement, des natures pour qui le second effort est incomparablement plus difficile que le premier.

« Vous, femmes et mères, s'écrie Léon Tolstoï, vous savez le bonheur de l'amour pour l'époux, ce bonheur qui n'a point de fin, qui ne se brise point comme tous les autres, mais qui est l'aurore d'un bonheur nouveau, l'amour pour l'enfant. »

Et, comme c'est une dualité qui est l'unité dans la famille, ce bonheur, que l'époux donne, n'est pas moins vivement goûté par lui. Se sentir aimé de celle qu'on aime, il n'est point de félicité comparable dans la vie, point de joie aussi pleine et délicieuse dont soit capable notre cœur.

Une précieuse prédisposition à cet amour qui parfume et dore tout, c'est la bonté. « L'homme bon, écrivait M. Guizot, trouve presque toujours que sa femme a raison ; il n'est pas enchanté quand il peut lui prouver qu'elle a tort ; il ne craint pas qu'on ait plus d'esprit que lui, il a dans son cœur un trésor dont il fait jouir tous ceux qui l'entourent, sans que le fond s'épuise jamais. »

De même la douceur qui, quand elle est sincère, n'est que la plus aimable forme de la bonté, « est l'arme la plus puissante des femmes, et celles que le bonheur n'a pas favorisées en peuvent surtout, dans une union mal assortie, faire chaque jour l'expérience. Quoi qu'il en coûte, il faut supporter avec bonté, avec patience du moins, les défauts ou les torts d'un mari, lui céder sans répugnance, déférer à ses volontés. Jamais de tels sacrifices ne sont entièrement perdus par celle qui les fait. Si un mari est raisonnable et bon, il aime à l'en dédommager ; s'il ne l'est pas, la douceur est encore le moyen le plus efficace pour le ramener à son devoir ; elle triomphe tôt ou tard.[24] »

Sir John Lubbock n'a pas d'autres conseils à donner à l'un comme à l'autre des époux. « Combien cette charité, qui supporte tout, croit tout, espère tout, endure tout, serait efficace, dit-il, pour adoucir et dissiper les chagrins de la vie et ajouter au bonheur du foyer domestique ! Le foyer domestique

---

[24] Horace Raisson: *Code conjugal.*

assurément peut être un hâvre de repos contre les orages et les périls du monde. Mais pour le rendre tel, il ne faut pas se contenter de le parer de bonnes intentions, il faut le faire brillant et joyeux.

« Si notre vie est une vie de peine et de souffrance, si le monde extérieur est froid et lugubre, quel plaisir de revenir à l'ensoleillement d'heureux visages et à la chaleur de cœurs que nous aimons ! »

La puissance de l'amour,—je dis de l'amour familial, calme, reposé, constant et quotidien, non point de ces grands coups de passion qui emportent comme un vent de tempête et laissent retomber à plat,—n'est ici nullement exagérée. Elle va bien plus loin et n'a d'autre terme que l'héroïsme. C'est cet héroïsme que M. Georges Duruy a voulu caractériser, lorsqu'il dit dans l'avant-propos d'une de ses récentes nouvelles, *Victoire d'âme*: « L'amour chez une femme plus âgée que son mari ou que son amant, chez une femme qui aime avec ses sens, tout autant qu'avec son cœur, peut arriver à se spiritualiser, à se *sublimer*, à prendre quelque chose de si *maternel*, qu'il n'y a plus place en lui pour rien de ce qui est seulement suggestion de la chair. C'est le dernier terme de l'amour, le plus haut. »

Et en effet, si les termes de désintéressement et d'abnégation laissent encore, quand on les creuse jusqu'au fond, toucher le tuf de l'amour de soi, on peut dire qu'une personne, homme ou femme, n'en aime entièrement une autre que lorsqu'elle rapporte à soi toutes les joies et tout le bonheur de celle qu'elle aime, et qu'elle n'y rapporte que cela. Ne compter pour rien ses propres peines et ses propres douleurs, ne sentir qu'à travers un autre, mettre toute sa vie dans la vie de l'être aimé, voilà l'amour dans sa plénitude et sa perfection. Bien peu, il est vrai, en sont possédés à ce point ; mais tout le monde peut le concevoir et y aspirer.

Le seul bien qui nous intéresse,
Crois-m'en, car je l'ai médité,
C'est le trésor de la tendresse
Plus humain que la vérité,
a dit un poète philosophe.[25]

Ce trésor de la tendresse, nous le portons tous en nous. Mais, hélas ! comme un vin généreux s'aigrit dans un vaisseau impur, ce trésor se tourne trop souvent en fléau et en malédiction.

« Qui sait aimer n'a jamais fait souffrir », déclare un proverbe, rigoureusement vrai. Mais que de gens aiment sans savoir aimer, et font de leur amour un instrument à deux tranchants avec lequel ils se déchirent eux-mêmes en torturant ceux qu'ils aiment ! Nous ne reviendrons pas sur ce triste sujet ; il suffit

---

[25] Sully-Prudhomme, *Le Bonheur*.

de s'y être arrêté pendant un chapitre.[26] Mais il était indispensable de le rappeler ici: « la jalousie, le soupçon, le reproche sont les sources les plus fécondes de désunion; l'indulgence aimable, la confiance sans bornes, rendent seuls durables les vrais attachements: l'on n'est pas tenté de courir après le bonheur, lorsque, sans efforts, on est assuré de le trouver chez soi.[27] »

Les médecins ne sont pas moins explicites et affirmatifs sur ce point que les moralistes.

« La confiance, écrit le Dr Debray, est la pierre fondamentale sur laquelle repose l'édifice du mariage. Si cette pierre manque, l'édifice s'écroule et, avec lui, la tranquillité, le bonheur. »

---

[26] Chap. IV, *Miel et Fiel*.
[27] Horace Raisson.

Un poète a dit:

Aimer, c'est la moitié de vivre.

Il le prenait, si je ne me trompe, au sens mystique et religieux. Pour nous, aimer et croire, c'est tout un. La jalousie, qui vit de soupçons et prend ses imaginations détestables pour la réalité, est une déformation de l'amour, et le pire ennemi du bonheur dans la vie à deux. Les retours, les élans, les repentirs, les larmes de regret, les embrassements passionnés, qui coupent d'ordinaire les accès de cette maladie noire, procurent peut-être de fortes et inattendues jouissances, mais ces emportements de l'esprit ou des sens ne sont pas plus l'amour que l'intoxication de l'alcool n'est une alimentation. D'ailleurs, les plaies se cicatrisent mal sous ces caresses, car, à la première fantaisie, les mains qui les ont faites et qui cherchaient à les fermer, s'acharneront, avec je ne sais quelle âcre et douloureuse volupté, à les rouvrir et à les multiplier.

« Combien plus heureux ce ménage où le cœur des époux est attiré par une confiance réciproque, où la fusion des âmes existe, où elles se penchent naturellement l'une vers l'autre, comme deux vases dont le premier renferme une liqueur qui est nécessaire au second. Le mari, dans cette vie de confiance mutuelle, verse dans l'âme de la femme l'intelligence, la lumière, la vigueur et le conseil ; la femme, de son côté, ombrage la tête de son époux avec une couronne de fleurs gracieuses ; elle lui donne, comme un arbre fécond, la fraîcheur et les fruits de l'âme aimante ; elle le dédommage des peines de la vie, elle essuie ses larmes, elle glisse dans ses veines une huile de joie et de bonheur.[28] »

Et que l'on ne croie pas que cette source bénie se tarit avec l'âge. Ecoutez plutôt encore le

---

[28] Landriot: *La Femme forte*.

même auteur, s'adressant à la femme mariée depuis longtemps:

« On dit que le vin est le lait des vieillards: cette parole est encore plus vraie du vin de l'affection. Vous devez avoir dans votre cœur quelques gouttes de ce vieux vin ; vous devez en avoir en abondance pour peu que vous ayez conservé celui de la jeunesse et de l'âge mûr. Donnez-en tous les jours une coupe remplie jusqu'au bord à votre mari, qui déjà succombe et dont le front porte les traces de la fin de son automne et du commencement de l'hiver. »

« Aimer et croire », il n'est pas d'autre recette, répétons-le, pour extraire de la vie à deux tout le bonheur humain.

CHAPITRE IX

LE NERF DE LA GUERRE

Le nerf de la guerre est aussi le grand ressort du ménage. Après nous être occupé des conditions morales de la vie à deux, il est temps d'aborder l'étude des conditions matérielles dans lesquelles cette vie peut le plus aisément se maintenir et se développer. Nous n'écrivons pas pour une classe de la société plutôt que pour une autre. Afin d'éviter les redites, les doubles emplois et les divisions qui grossiraient ce livre outre toute mesure, c'est à la moyenne que nous nous adressons d'ordinaire ; mais les plus riches comme les plus pauvres peuvent faire leur profit de nos calculs et de nos conseils. C'est à eux de les adapter à leur position sociale: il n'y a là qu'une affaire de proportion.

Il faut de l'argent pour vivre, peu ou prou. Strictement, il en faut plus pour vivre à deux que seul, bien que, dans la pratique, l'homme célibataire dépense presque toujours autant, si ce n'est plus, que l'homme en ménage.

Cet argent provient du patrimoine ou du travail. Tantôt c'est le mari qui le possède ou le gagne ; tantôt la femme l'apporte en dot ; tantôt, et c'est le cas le plus fréquent, la dot de la femme vient s'ajouter au capital ou au revenu du mari. Il est donc naturel, prudent, nécessaire même de supputer, avant le mariage, les ressources qu'on peut arriver à mettre en commun et de s'assurer si ces revenus sont suffisants pour faire face aux nécessités de la vie à deux. Nous renvoyons, pour le fond de cette question, à ce que nous en avons dit dans *Doit-on se marier?* Constatons seulement que si l'or est une chimère dont il faut savoir se servir, comme le chantait si bien Scribe, l'art de s'en servir sans danger n'est pas commun, et qu'en tout cas cette chimère, en dépit des facilités qu'elle apporte à l'existence, ne fait pourtant point le bonheur.

Dans l'épopée finnoise, *le Kalevala*, Ilmarinnen, le forgeron divin, forge une fiancée d'or et d'argent pour Weinamoinen. Celui-ci, content d'abord d'avoir une femme si riche, la trouve bientôt intolérablement froide, car, malgré feux et fourrures, chaque fois qu'il la touche, elle le glace.

Pour être vieille, l'allégorie ne manque pas encore d'actualité.

« Sous Louis XIV, une bourgeoise de Paris, ayant de vingt à trente mille livres de dot, épousait un avocat. Avec trente-cinq à quarante mille livres, elle devenait la femme d'un trésorier de France. Si sa dot s'élevait de quarante-cinq à soixante-quinze mille livres, on la mariait à un conseiller au Parlement. Apportait-elle de deux cent à six cent mille livres, elle pouvait prétendre à un gentilhomme titré.[29] »

Les chiffres ne sont plus les mêmes, non plus que les désignations des positions sociales ; mais, en fait de prétentions dans les alliances, les choses n'ont guère changé, que je sache. Du reste, il ne m'est pas prouvé,—au contraire—que ces trocs d'une dot contre une position ou un titre aient jamais assuré des unions heureuses, pas plus sous l'ancien régime que sous le nouveau.

C'est pourquoi je partage l'avis de l'Anglais Henry Taylor, qui écrivait dans un petit livre fort sensé, intitulé: *Notes from Life*: « Eu égard à la quantité de choses dont le concours est requis pour faire un bon mari et un heureux ménage, le père risque d'imposer de cruelles

---

[29] Vicomte de Broc, *La France pendant l'ancien régime*.

limites au choix de sa fille, lorsqu'il ajoute la richesse aux qualités nécessaires au prétendant. Même les mariages pauvres faits par l'imprévoyance ont moins de chances de finir mal que les mariages riches faits par la contrainte. »

Seulement cette exigence vient aussi souvent, sinon plus, du côté du garçon que du côté de la fille, et elle est alors encore plus à blâmer. Tout homme qui, par son travail ou sa fortune propre, est à même de vivre convenablement dans le milieu social où il évolue, et qui recule devant le mariage parce qu'il a peur d'imposer des privations à sa femme et à ses enfants, est un égoïste qui ne craint, à vrai dire, que pour la satisfaction de ses goûts.[30]

---

[30] Voy. *Doit-on se marier ?* ch. IV, V et XI.

L'union contractée, que les ressources soient petites ou grandes,— » c'est un point délicat et sur lequel les avis seront longtemps partagés, que celui de savoir si, dans un ménage bien réglé, la bourse doit être commune et la clef du secrétaire en double partie. »

Le *Code conjugal*, qui pose la question, la résout ainsi: « Certes, il n'appartient pas à la femme de s'ingérer dans la question des revenus communs, et il y aurait folie à elle d'avoir une telle prétention ; mais il est naturel qu'elle participe à tous les avantages que procure la fortune. Dans la plupart des ménages parisiens, le mari alloue à sa femme une somme fixe pour sa toilette et sa dépense particulière. Rien ne nous semble moins convenable. Une femme, obligée d'attendre la fin du mois pour toucher ses appointements, ses gages, ne se trouve pas obligée à plus d'économie, et se voit parfois contrainte d'ajourner le mémoire d'une couturière, d'une modiste, d'un bijoutier. C'est en confiant sans réserve à sa femme la garde entière de la fortune commune, qu'on l'intéresse à n'en user qu'avec sagesse et économie.

« Quant à ces maris, comme on en voit trop, refusant à leurs femmes les moyens de paraître ainsi qu'il convient à leur état dans le monde ; grondant, criant misère à tout propos, nous n'en parlerons pas. C'est une mauvaise économie que celle qui met une femme aux prises entre la coquetterie et la sagesse. Le bonhomme Platon écrivait, il y a quelque mille ans: « Il semble que l'or et la vertu soient placés des deux côtés d'une balance, et qu'on ne puisse ajouter au poids du premier sans que l'autre devienne au même instant plus léger. »

Voilà qui est bien, et nous n'allons pas contre la justesse de ces observations. Nous ne saurions cependant admettre comme absolu le verdict qu'Horace Raisson porte contre le système qui consiste à ouvrir à la femme, sur le budget commun, un crédit mensuel proportionné au revenu des époux et aux besoins de la maison. Elle sait au juste sur quoi elle peut compter, et c'est à elle à ne pas se mettre dans le cas que redoute l'auteur du *Code conjugal*, cas fâcheux assurément, mais qui l'est moins encore que la tentation de puiser les yeux fermés dans la bourse commune, et peut-être finalement de l'épuiser.

Cela n'implique, d'ailleurs, ni défiance, ni mauvaise volonté, ni gestion arbitraire de la part du mari. C'est une simple règle posée d'un mutuel accord, et qui n'empêche en aucune façon les deux époux d'avoir la plus parfaite unité de vues, de bourse et d'intérêts. On s'engage, après mûre considération, à ne dépenser, pour l'entretien courant de la maison et les articles de toilette, qu'une somme déterminée. C'est prudence et raison que d'agir ainsi.

Femme mariée doit être simple,

Et porter la guimpe,

dit un proverbe du quinzième siècle. La guimpe change de forme et de nom avec les temps et les modes. Mais ce qui ne change pas, c'est le précepte de simplicité donné dans ces vers naïfs. Nous ne voulons pas dire que la femme mariée ne doive pas se mettre suivant sa fortune, son rang, les convenances et les habitudes du monde dans lequel elle vit ; mais elle doit toujours conserver cette simplicité relative qui distingue la femme d'intérieur, la mère de famille de celles pour qui la vie n'a d'autres obligations que leurs caprices et leurs plaisirs.

« L'économie domestique n'est pas une vertu brillante, disait Mercier, mais elle compose une vertu solide, et une des plus belles que je connaisse. Elle est le fondement des maisons, ainsi que des grands établissements: ce sont les racines obscures qui nourrissent les pompeux feuillages de ces arbres qui portent leur front dans la nue. La misère est une source continuelle de soucis rongeurs, d'inquiétudes, de peines d'esprit, d'insomnies cruelles: elle est conseillère de plusieurs actions basses et iniques. L'économie, qui chasse tous ces tourments, qui nous met à couvert de ces épines, est tout à la fois et le soutien consolant de notre vie, et la sauvegarde de notre vertu ; c'est un doux oreiller où nous sommeillons sans crainte de l'avenir, toujours obscur. L'économie enfin est la vertu la plus utile à la génération qui doit succéder: elle embrasse donc deux âges à la fois: privilège qui n'appartient guère qu'à elle. »

Sans s'élever à des considérations si élevées, ni surtout à une langue si fleurie, un autre moraliste de la même époque[31] s'exprime ainsi :

« L'avarice et la prodigalité sont deux extrêmes, entre lesquels se trouve une sage économie. Vous sentez que cette économie est toujours relative au rang que l'on occupe. Il faut toujours tenir un état conforme à son rang ; mais quand vous outrez ce qu'il demande, vous vous ruinez, sans que personne vous en sache gré. Il en est de même de celui qui ne met aucun ordre dans sa maison ; il peut être perpétuellement trompé par ses domestiques ; et ce qu'on lui vole est perdu pour lui, sans qu'il s'en fasse honneur. Ainsi, plus la place que l'on occupe exige que l'on ait de domestiques, plus il faut les assujettir à une règle exacte, et les maintenir avec fermeté. »

---

[31] Ferrand.

Tous ces conseils s'adressent autant à l'homme qu'à la femme. Il en est de même de ce passage, que nous empruntons à Henry Taylor:

« L'art de vivre à l'aise consiste à régler son genre de vie d'un cran au dessous de ses moyens. Le confort et la jouissance dépendent plus de la facilité dans les détails de la dépense que d'un degré de plus ou de moins dans le genre de vie que l'on mène ; et, chose qui a encore une bien autre importance, l'esprit est moins obsédé de questions d'argent.

« Gardez-vous d'associer faussement dans votre esprit le plaisir avec la dépense,—de vous dire que, puisque le plaisir peut s'acheter avec de l'argent, l'argent ne saurait se dépenser sans procurer de plaisir. »

Le proverbe qu'on répète encore dans certaines de nos provinces:

Assez n'y a si trop n'y a,

ne signifie pas qu'il faut en avoir trop pour en avoir assez, mais bien qu'on n'en aura assez qu'autant qu'on mettra, quelle que soit d'ailleurs la chose à consommer, un surplus en réserve, ne serait-ce que pour se convaincre soi-même que, si l'on peut encore désirer au delà, ce qu'on a suffit réellement. En un mot, il faut se contenter non pas de ce qu'on a, mais d'un peu moins qu'on a.

Notre proverbe est donc d'un degré plus sage que celui de G. Meurier:

Il faut prendre le pot au feu

Selon son estat et revenu,

Et qui guères n'a despendre peu.

Charron a traité le sujet dans une page remarquable, que je demande la permission de rapporter.

« Les préceptes et advis de mesnagerie principaux sont ceux-cy: 1. Acheter et despendre toutes choses en temps et saison, elles sont meilleures et à meilleur prix. 2. Garder que les choses qui sont en la maison ne se gastent et perissent, ou se perdent et s'emportent, cecy est principalement à la femme: à laquelle Aristote donne par preciput ceste authorité et ce soin. 3. Pourvoir premierement et principalement à ces trois, Necessité, Netteté, Ordre: et puis s'il y a moyen, l'on advisera à ces trois autres (mais les Sages ne s'en donneront pas grand peine: *non ampliter sed munditer convivium: plus salis quam sumptus*) Abondance, pompe et parade, exquise et riche façon. Le contraire se pratique souvent aux bonnes maisons, où il y aura licts garnis de soye, pourfilez d'or, et n'y aura qu'une couverture simple en hyver, sans aucune commodité de ce qui est le plus necessaire. Ainsi de tout le reste.

« Regler sa despense: ce qui se fait en ostant la superfluë, sans faillir à la necessite, devoir et bienseance: un ducat en la bourse fait plus d'honneur que dix mal despendus, disait quelqu'un. Puis, mais c'est l'industrie et la suflisanse, faire mesme despense à moindre frais, et sur tout ne despendre jamais sur le gain advenir et esperé.

« Avoir le soin et l'œil sur tout: la vigilance et présence du maistre, dit le proverbe, engraisse le cheval et la terre. Mais pour le moins le maistre et la maistresse doivent celer leur ignorance et insuffisance aux affaires de la maison, et encores plus leur nonchalance, faisant mine de s'y entendre et d'y penser: car si les officiers et valets voyent que l'on ne s'en soucie, ils en feront de belles. »

On le voit, la sagesse ne vieillit point. Elle était la même au temps des *Œconomiques* qu'au seizième siècle ; elle est la même encore aujourd'hui.

L'administration générale de la fortune, le placement des fonds, les dépenses extérieures que l'homme est amené à faire par ses affaires ou ses distractions, ne nous occuperont pas ici. Ce que nous avons à en dire, et nous ne voulons en dire que peu, trouvera place au chapitre suivant. Mais, dans l'organisation intime de la vie à deux, dans le fonctionnement de cet organisme délicat dont le cœur est au foyer, la femme joue un si grand rôle, la façon dont elle emploie l'argent qu'elle a entre les mains a des conséquences telles, non seulement sur le bien-être, mais aussi sur le bonheur des deux époux, qu'il nous faut forcément entrer dans quelques détails. Nous les emprunterons à un livre oublié, œuvre de deux dames qui y ont enseigné en bons termes et avec toute la lucidité du bon sens, le résultat de leur expérience. En voici le titre tout au long: *Manuel complet de la Maîtresse de maison et de la parfaite Ménagère, ou Guide pratique pour la gestion d'une maison à la ville et à la campagne, contenant les moyens d'y maintenir le bon ordre et d'y établir l'abondance.* Par madame Gacon-Dufour. Seconde édition, mise dans un nouvel ordre et très augmentée par madame Celnart. Paris, Roret, 1828 ; 1 vol. in-16.

Tout, à peu près, est prévu dans les réflexions générales dont ces dames font précéder les instructions qu'elles donnent pour les divers soins du ménage, et nous croyons ne pouvoir mieux faire, malgré la longueur de la citation, que de les offrir à méditer.

« *Ce n'est pas assez de faire le bien*, dit un livre de piété fort connu, *il faut le bien faire*. Cette maxime toujours utile est indispensable en ménage, où tout doit être exécuté avec une méthode, un ordre constant. La première chose à faire est donc un sage calcul de ses moyens pécuniaires, une sage distribution de leurs produits, un invariable emploi de ses instans ; la seconde est l'observation des règles que l'on s'est prescrites.

« De concert avec son époux, la maîtresse de maison commencera par calculer ses revenus et ses dépenses: elle verra ce qu'il faut pour le loyer, le mobilier et son entretien, le chauffage, l'éclairage, les domestiques ; elle allouera les frais des vêtemens, de la nourriture ordinaire, et les dépenses extraordinaires qu'elle pourra avoir à faire dans ce genre: ceux du blanchissage l'occuperont ensuite. Il est bon de subdiviser pour éviter l'erreur, et de dire, tant pour le mari, tant pour la femme, pour chaque enfant, etc. Elle songera ensuite aux menues dépenses qui s'attacheront spécialement à son état dans le monde et à celui de son époux, comme voyages, ports de lettres, réceptions, cadeaux, abonnements aux journaux, achats de livres, frais d'éducation, etc. ; il faut toujours prévoir et même laisser un léger compte ouvert pour les dépenses imprévues, comme le remplacement d'objets perdus, cassés, la réparation de divers accidens, les soins qu'exigent de légères indispositions et autres choses semblables. Par là, on s'épargne à la fois et ces lamentations, ces regrets prolongés lorsqu'arrivent quelques-unes de ces contrariétés, et cette économie mal entendue qui, pour épargner le remplacement d'une vitre brisée, laisse pénétrer dans les appartemens une humidité nuisible, malsaine, qui gâte les meubles, occasionne des rhumes fatigans, dangereux peut-être... M. Say, dans ses *Principes d'Économie politique*, cite une famille de villageois ruinée pour avoir omis de mettre un loquet à une porte, qu'on se contentait de fermer au moyen d'une cheville de bois. Un porc, sur lequel ils comptaient pour payer leur terme, s'échappa par la porte mal fermée ; en courant inutilement après, le fermier gagna une fluxion de poitrine ; cette maladie acheva de le mettre à la misère, et ses meubles furent saisis par les huissiers. On sent comment, dans chaque ménage, des causes semblables peuvent produire de semblables effets.

« Ce n'est pas assez d'avoir assigné pour chaque dépense, d'avoir songé même aux frais imprévus ; il faut encore, il faut indispensablement s'arranger de manière à mettre de côté une partie de son revenu de chaque année. Si l'on n'avait point d'enfans, il serait bon de prendre cette précaution pour se prémunir contre les pertes, les maladies : jugez si l'on peut s'en dispenser lorsqu'on a une nombreuse famille, qu'il faut élever, pourvoir selon son état ?... L'obligation d'économiser devient encore plus urgente, si la grande partie, si la totalité de vos revenus dépend d'une place que mille circonstances peuvent subitement vous ôter...

« Il est encore une résolution que doit prendre une maîtresse de maison, sans se permettre une seule fois de l'oublier, c'est de payer comptant tout ce qu'elle achète, pour sa toilette surtout: les besoins du luxe sont, dans l'état actuel de nos mœurs, si bien mêlés aux besoins de la nécessité, ils sont si décevans, si variés, il est si facile de se laisser entraîner, qu'il faut se prémunir contre l'occasion, contre soi-même. Remet-on à payer plus tard, on achète avec facilité à mesure que les circonstances, l'attrait, la fantaisie excitent ; on ne songe plus au paiement ; les emplettes s'accumulent, les mémoires s'enflent, et l'instant de les acquitter est l'instant des troubles, des querelles, de la gêne. S'acquitte-t-on, au contraire, à mesure qu'on achète, on sent la valeur de l'argent, on retranche sur ce que sollicite l'occasion, on refuse à la fantaisie. Fait-on une dépense déraisonnable, l'aisance de son intérieur, les besoins de son mari, de ses enfans, qui souffrent de cette capricieuse emplette, donnent une forte leçon dont on se souvient à l'avenir. Du reste, quelque frivole que l'on soit, on voit avec regret cet échange d'une forte somme contre les brillantes bagatelles de la mode ; et je suis persuadée que nos plus prodigues élégantes dissiperaient une fois moins d'argent si l'habitude de payer tout de suite leur permettait de réfléchir.

« Ces points convenus, la maîtresse de maison aura un livre ouvert qui portera les sommes allouées pour chacune des dépenses mentionnées plus haut: elle écrira régulièrement les détails journaliers de chacune de ces dépenses ; l'addition en sera faite chaque mois, et la récapitulation générale à la fin de l'année, afin de juger si l'ordre adopté dans la maison excède l'allocation des fonds ; si, au contraire, l'allocation excède, ou si l'un et l'autre marchent également. On sent que, dans le premier cas, une réforme est urgente ; que, dans le second, il faut attendre, avant d'augmenter sa dépense, que l'expérience de l'année suivante, de plusieurs années même, ait renouvelé cet excédent, car on ne saurait trop se précautionner contre les chances fâcheuses du sort et l'entraînement de la vanité... L'habitude d'un surcroît de dépense se prend bien vite, se quitte difficilement, et de courts succès engendrent de longs revers. »

Un des chapitres les plus importants dans les fonctions de la maîtresse de maison est celui de la table ou de la nourriture.

Viande et boisson perdition de maison,

déclare, non sans quelque vérité, un dicton populaire. Il faut pourtant boire et manger. La manière dont on le fait a même une grande influence sur l'agrément des rapports entre les deux époux, outre qu'elle intéresse au plus haut degré les finances du ménage. Voyons donc ce que disent mesdames Gacon-Dufour et Celnart sur un sujet où la femme est maîtresse absolue, agissant sans autre contrôle que la satisfaction ou le mécontentement gastronomique de son mari.

« La maîtresse de maison doit considérer la nourriture sous le triple rapport de la santé, du plaisir et de l'économie...

« Son premier soin sera de fixer des heures invariables pour les repas, d'après l'état de son mari et les habitudes reçues... Les heures une fois adoptées d'après les convenances de votre intérieur, que rien ne puisse les déranger, car si la domestique pense qu'on attendra, elle retardera ensuite ; ou si elle est exacte et que vous ne le soyez pas, les ragoûts seront brûlés, les sauces tournées ; on emploiera beaucoup plus de combustible, et il coûtera davantage pour manger un mauvais dîner. Que la règle de vos repas ait donc, en quelque sorte, force de loi ; n'attendez jamais ni personne de la maison, ni convives invités ; qu'on en soit bien persuadé, et que si l'on a besoin de faire avancer ou retarder l'heure des repas, on vous en prévienne à l'avance, afin que les préparatifs soient faits en conséquence et que les mets n'en souffrent pas. Outre l'ordre du temps du repas, la bonne ménagère veillera à l'ordre de leur composition... » Elle profitera « de la saison pour que sa table soit variée d'une manière agréable. Ce soin la dispensera de la recherche dans les assaisonnemens, témoignera de son attention pour le bien-être de son époux, et lui deviendra en très peu de temps chose si facile, qu'elle ne s'en apercevra même pas.

« Les détails de la nourriture sont extrêmement multipliés, et cependant il faut tous les connaître... Pour y parvenir, il faut payer chaque mois le boulanger, le boucher, l'épicier, le charcutier, s'il y a lieu ; porter leurs comptes sur le grand livre de dépenses, et avoir un autre petit livre sur lequel on inscrira chaque jour tout ce qui s'achètera pour la table ; on en fera le relevé chaque semaine, et au bout du mois, additionnant les calculs des quatre semaines, on portera le total sur le grand livre... » On verra de cette façon « si la dépense est égale d'un mois à l'autre: on se rendra compte des motifs, des circonstances qui ont pu la diminuer ou l'accroître, et on ne dira jamais, comme trop de femmes: *Je ne sais pas comment cela se fait.*

« Quelque fortune qu'ait la maîtresse de maison, quelque confiance qu'elle ait en ses domestiques, elle ne se contentera pas de commander les repas d'après ce qui a été dit précédemment ; elle veillera à ce que les provisions journalières soient faites de bonne heure, afin de mieux choisir et de payer moins cher ; elle examinera si le poids est juste, si les objets sont de bonne qualité ; elle les fera disposer de la manière la plus avantageuse pour la garde, dans l'office de cuisine ou dans le garde-manger... » Elle prendra soin qu'aucun gaspillage ne se produise, que rien ne se perde et qu'on tire parti de tout. Légères économies, dira-t-on. « J'en conviens ; mais nulle économie répétée n'est à dédaigner. *Les grandes économies du ménage*, dit M. Ch.

Dupin, *portent toujours sur les objets à bon marché...* »

L'art de conserver les substances alimentaires procurera à la bonne ménagère d'agréables et profitables économies. « Par là, elle se dispensera des frais de détail, toujours coûteux ; elle épargnera la peine et le temps de ses domestiques, et, tout en exigeant moins, elle en retirera plus ; car une domestique que l'on ne charge pas d'une multitude de commissions, de courses, de petits achats mal entendus, ayant beaucoup de temps de reste, peut en donner une partie au raccommodage du linge de cuisine, à la filature, etc... Survient-il à dîner quelques personnes que l'on n'attendait pas ? on n'est point forcé de courir chez le traiteur ; les provisions sont sous la main: que de fatigue, d'impatience, de frais et d'ennuis sont épargnés !... »

L'impartialité nous force à dire ici que nous avons entendu des personnes fort compétentes vanter le système contraire, et assurer que, malgré la surveillance la plus active, les approvisionnements amènent forcément le gaspillage. *Provisions, profusion*, voilà leur mot d'ordre. Nous ne nous sentons point en état de prendre parti, mais nous croyons, sans malice, que, l'un et l'autre système, suivant les circonstances et celles qui les appliquent, sont fort bons. C'est le cas de répéter une fois de plus le proverbe anglais: Rien ne réussit comme le succès.

« De toutes les économies mal entendues dont la maîtresse de maison doit se défendre, une des plus pernicieuses est celle qui aboutit au manque d'éclairage. Faute d'y voir on perd du temps, on casse les objets, on se heurte souvent d'une manière dangereuse. Si dans la nuit on se trouve subitement réveillé par quelque accident, les secours sont lens, et souvent même inefficaces, par cette raison. La ménagère doit donc établir un éclairage constant, suffisant, approprié aux divers endroits de la maison, aux différentes heures et occupations. Elle doit en ce genre avoir des provisions, les distribuer avec ordre, et surtout veiller à ce que tous les ustensiles soient tenus dans la plus grande propreté. »

Le chauffage, les approvisionnements et l'aménagement des combustibles, donnent lieu à des observations analogues.

Pour ce qui est du linge, il faut que la maîtresse de maison n'en ait ni trop, ni trop peu. « Trop, il jaunit sans servir, encombre les armoires, et c'est de l'argent inerte qui pourrait avoir un produit avantageux. Pas assez est peut-être pis encore : on n'a pas le temps de l'arranger, de le raccommoder convenablement ; la nécessité des autres dépenses fait ajourner celle-ci ; le linge s'altère de plus en plus, s'use bientôt tout à fait : il faut des frais extraordinaires pour le renouveler. Si on ne le peut, l'esprit de désordre s'introduit dans la maison...

« Une chose indispensable, c'est de placer le linge à votre usage, ainsi que vos vêtemens, le linge et les habits de votre mari, de vos enfans, à portée de la chambre de chacun. Cette seule précaution épargne beaucoup de perte de temps, de confusion et d'ennui...

« Tout le linge en général, et principalement les serviettes, doit être longtemps reprisé avec soin ; mais il arrive un certain point où il n'est plus susceptible d'être raccommodé ; alors le temps énorme qu'on emploie à sa réparation est un temps perdu. Quand le linge est ce que l'on appelle *élimé*, choisissez ce qu'il peut y avoir de bon dans les coins pour l'usage de vos enfants, ou pour mettre des pièces à celui qu'on peut raccommoder encore, et que le reste soit en réserve pour les cas de maladie... Chacun voit combien il est ennuyeusement onéreux d'employer beaucoup de temps, de payer de nombreuses journées d'ouvrières pour raccommoder du linge qui revient du blanchissage tout aussi mauvais qu'avant d'y aller. Voilà, s'il en fut jamais, une économie mal entendue...

« Un état détaillé du linge, qui en marque le nombre, les diverses qualités, la date, le degré de bonté et d'usage, doit se trouver dans chaque armoire, et se vérifier tous les trois mois. Grâce à cette habitude, vous saurez à point nommé la quantité de linge qui s'approche plus ou moins de la réforme...

« Il en est des habits comme de tout le reste ; dit madame Pariset dans ses *Lettres sur l'Economie domestique*, « c'est l'arrangement et la propreté qui conservent tout, l'on a remarqué que les femmes les moins riches et qui dépensent le moins pour leur toilette sont souvent les mieux mises. » La nécessité de conserver ce qu'elles ne peuvent renouveler que rarement, l'habitude de l'ordre qu'inspire et facilite en général une fortune médiocre, voilà les raisons de cet avantage, qui surprend au premier abord. » Ajoutons-y le bon goût, que les richesses ne donnent pas.

« Attendez pour adopter quelque mode, qu'elle se soit établie, et lorsqu'elle est d'une nature ridicule, attendez que l'usage général en ait presque fait une loi, car il arrive que ces modes grotesques ne durent qu'un mois, et qu'ensuite il est impossible de se servir de choses qui ont coûté fort cher. Au reste, gardez-vous de la manie de faire et de refaire sans cesse vos bonnets, vos fichus: comme la mode et la fantaisie varient continuellement, le temps s'use, l'étoffe disparaît dans ces mutations puériles, qui entraînent beaucoup de peines, de dépenses, font négliger le soin du ménage, et, en déplaisant avec raison au mari, amènent souvent l'humeur et la discorde. De plus, les petites filles prennent ce goût et, femmes, restent toujours de grandes enfants jouant à la poupée...

« Quant aux emplettes des vêtemens, le temps en est à peu près fixé à chaque saison, afin d'avoir des choses plus nouvelles. Il importe de se garder des bons marchés, des choses passées de mode, puisque la mise d'une femme ne vaut que par la grâce et la fraîcheur. Mais il faut avant tout consulter les circonstances qui peuvent se rencontrer, comme les frais d'une maladie, un retard de paiement, une perte quelconque. C'est alors sur l'habillement, et surtout sur sa toilette personnelle que la maîtresse de maison doit faire porter la réduction nécessaire ; son premier devoir comme son premier plaisir étant le bien-être continuel de son intérieur. Alors son mari ne s'apercevra point du sacrifice, ou s'il s'en aperçoit, ce sera pour chérir encore plus sa compagne... »

Tout le chapitre XIX serait à citer. « Je n'ai, dit l'auteur, cessé jusqu'ici de prêcher l'ordre, et la régularité en est l'âme. Fixez le temps du sommeil pour chaque personne de votre maison ; les femmes doivent dormir un peu plus que les hommes, et les enfants plus que les femmes. Que chez vous, en été, on se couche à dix heures et qu'on se lève à six, et pendant l'hiver à onze heures et à sept. Les domestiques doivent se coucher un peu après et se lever avant. Pour éviter toute discussion et tout prétexte à cet égard, mettez un réveille-matin dans leurs chambres...

« Dès que vous serez levée, vous ferez préparer le cabinet, l'atelier, le laboratoire de votre mari, en un mot la pièce où il doit s'occuper ; si un emploi quelconque l'appelle à bonne heure dehors, vous veillerez à ce qu'il prenne quelque chose de chaud. Donnez ensuite un coup d'œil à toute la maison ; voyez si la cuisine est propre ; examinez les restes et le parti qu'on en peut tirer, ordonnez les repas du jour: veillez à faire nettoyer et préparer les chambres ; tandis qu'on fera la vôtre, occupez-vous à mettre en ordre les comptes de la veille... Si vous avez de jeunes enfans, à l'heure déterminée pour leur lever, passez avec la bonne dans leur chambre, veillez à ce qu'on les habille, qu'on les peigne proprement, ou bien occupez-vous de ces soins, si doux pour une mère... Sachez toujours ce qu'ils font, même lorsqu'ils s'amusent.

« ... Ne laissez jamais la moindre dépense arriérée, même celle des ports de lettres chez le portier ; fixez le temps que vous emploierez à l'éducation de vos enfans, et cela d'après leur âge, leur sexe, votre état. Si vous êtes seule, tout en vous occupant d'ouvrages à l'aiguille, nécessaires au bien-être de la maison, cultivez votre mémoire, exercez votre imagination sur quelque sujet littéraire, votre jugement sur quelque trait d'histoire ; tâchez de pouvoir vous dire chaque jour: « Je n'ai pas perdu un moment pour les autres et pour moi-même. »

« ... Passez à vous distraire le temps qui suit immédiatement le repas, et fixez l'emploi habituel de vos soirées selon qu'il conviendra à votre mari. Tâchez d'y mettre un peu de variété ; qu'il y ait chaque semaine une soirée pour aller au dehors, une pour se réunir entre amis, ou recevoir, si c'est votre usage ; une autre pour la lecture, une autre pour les correspondances de politesse et d'amitié, etc. ; toutes choses que vos goûts et votre position doivent nécessairement varier.

« Fixez également les époques où vous paierez vos domestiques, soit chaque année, soit tous les six ou trois mois (ou tous les mois), comme il leur conviendra... Ne manquez jamais à leur donner leur argent au jour convenu, car, faute de cela, ils seront négligens et d'une arrogance outrageante... Parlez-leur avec bonté, mais ne les entretenez point pour vous-même ; gardez-vous de ces moments d'épanchemens, où, malgré soi, on parle de ce qui intéresse: c'est le commencement de l'empire d'un domestique, ou tout au moins d'une familiarité qui finira par devenir insupportable, et à laquelle plus tard vous ne pourrez plus vous opposer...

Fixez le temps qu'ils peuvent donner au maintien de leurs propres affaires ; qu'ils aient le dimanche quelques heures de promenade ou de récréation. A l'occasion du premier de l'an et de votre fête, ainsi que de celle de votre mari, qu'ils aient une gratification, donnez-leur aussi quelques-uns des restes de vos vêtemens, mais qu'ils ne s'en fassent jamais un droit. Faire fréquemment et sans motif des cadeaux à ses domestiques, est leur inspirer cent fois plus d'exigence que de gratitude. Ne souffrez point qu'ils s'arrogent le droit de punir vos enfans ; qu'ils soient pleinement convaincus qu'ils seront congédiés dès qu'ils les frapperont.

« Quelque habileté qu'ait une domestique, si vous suspectez sa fidélité, il faut la congédier sans balancer, parce que c'est un vrai supplice de vivre avec quelqu'un dont on se défie. Vainement vous ôteriez vos clefs, vous prendriez toutes les précautions imaginables, elle trouverait à chaque instant le moyen de mettre votre vigilance en défaut ; et, du reste, ces soins continuels sont bien la chose la plus ennuyeuse et la plus pénible. Le manque de mœurs ne doit trouver non plus aucune indulgence auprès de vous. Pour la malpropreté, l'humeur, la négligence, vous pourrez faire plusieurs représentations et fixer le temps que vous accordez pour que l'on se corrige de ces défauts ; mais au bout du temps prescrit, s'il n'y a point d'amendement, avertissez que vous ne pouvez plus les souffrir. Quant à l'impertinence, quelle que soit la douceur que l'on trouve à pardonner, vous êtes forcée de ne la point tolérer, car on vous ferait ensuite la loi. Les domestiques sont comme les enfans, ce n'est qu'en montrant de la fermeté que l'on acquiert le droit d'avoir de la douceur. Pour tous les autres travers, l'oubli, l'étourderie, montrez-vous patiente, indulgente ; au surplus, qu'en toute occasion on voie qu'il vous en coûte de gronder ; acquittez-vous-en le plus brièvement possible.

Si vous avez de l'humeur, gardez-vous de la passer sur vos domestiques, vous paieriez cet instant de pitoyable satisfaction par leur manque d'égards, d'attachement, d'obéissance même, car il est avéré que plus on crie, plus on exige, et moins on est obéi...

« Ne souffrez pas que vos domestiques demeurent dans une inaction absolue, même en dehors de leur service ; engagez-les à lire de bons livres, à raccommoder leurs effets, à soigner leurs affaires ; opposez-vous aussi aux commérages et surtout gardez-vous d'imiter la plupart des maîtres qui, pour se débarrasser du bruit des enfans, les envoient le soir à la cuisine, c'est-à-dire à l'école des caquets, de la sottise, et c'est encore le moindre mal.

« ... Si vous connaissez le prix du temps, que vous chérissiez la propreté ; que, juste et bonne, vous ne vous emportiez jamais sans cause et ne le fassiez en quelque sorte que malgré vous ; si vous prenez garde à tout, et tirez parti de toutes choses, que vous gouverniez sagement votre maison, soyez sûre que vos domestiques seront laborieux, propres, dociles, économes, reconnaissans ; ils vieilliront chez vous, feront partie de la famille et contribueront plus qu'on ne pense au bien-être de votre intérieur.

« Il n'est pas besoin que j'appuie sur le désagrément de changer souvent de domestiques, car il faut ajourner forcément l'ordre, l'aisance du service, qui tiennent à l'habitude, ainsi que la confiance et l'affection. Que vos domestiques n'ignorent pas votre répugnance sur ce point: ils estimeront votre caractère ; mais qu'ils sachent aussi que cette répugnance ne vous fera jamais tolérer un vice: ils redouteront votre fermeté. »

Arrivée au bout de sa tâche,—nous n'avons, bien entendu, rapporté ici que les préceptes les plus généraux, à l'usage de tout le monde et praticables dans tous les cas,—l'auteur dit, sans fausse modestie, et avec l'honnête et simple accent de la vérité: « Je crois avoir donné tous les conseils véritablement utiles pour la conduite d'une maison: ce sera aux ménagères à suppléer à ce que je n'ai pu dire... mais je suis persuadée qu'une femme qui suivrait ces avis, qui se répéterait comme des maximes constantes: *ordre et propreté, ne rien laisser perdre, rendre tout utile ou agréable*, qui se regarderait comme l'artisan obligé du *bien-être* de tous les siens, ferait la fortune, et, ce qui est mieux encore, le bonheur de sa maison. »

On ne saurait trop y insister: la femme « doit faire régner l'ordre, l'économie et la plus exquise propreté dans l'intérieur de sa maison ; il existe une foule de petits détails domestiques qui ne sont pas faits pour un mari ; et c'est pourtant la négligence de ces riens importans qui ruine une fortune, parce que les dépenses, sans importance au premier coup d'œil, sont journalières et reviennent à chaque instant.[32] »

Que le mari mette donc entre les mains d'une telle femme l'argent qu'il gagne ou qu'il reçoit, le nerf de la guerre, et elle saura, qu'il y en ait peu ou beaucoup, le manier avec assez d'intelligence et d'énergie pour sortir victorieuse de toutes les difficultés matérielles qui peuvent s'opposer à la félicité conjugale, au radieux et complet épanouissement de la vie à deux.

Pour terminer par une note plus gaie ce chapitre un peu bourré de détails techniques et spéciaux, rappelons les dix commandements de la ménagère. Comme les dix commandements de l'Église, ils en supposent au moins douze autres dont le texte, pour

---

[32] Horace Raisson.

n'être pas formulé, n'en a pas moins, dans tout ce que nous disons ici, son commentaire perpétuel.

1. Dans la maison n'enfermeras
Tes enfants seuls aucunement.

2. Allumettes ne laisseras
Traîner partout imprudemment.

3. D'un bon grillage entoureras
Foyer qu'approche ton enfant.

4. Eau bouillante ne laisseras
Dans son chemin un seul instant.

5. Lampe à pétrole n'empliras
Sans bien l'éteindre auparavant.

6. Jamais ton feu n'aviveras
Par ce pétrole follement.

7. Ta citerne ne quitteras
Sans la fermer soigneusement.

8. Dans le cuivre ne laisseras
Refroidir aucun aliment.

9. Dans le zinc ne placeras
Fruits au vinaigre inconsciemment.

10. Poisons toujours enfermeras
Pour éviter triste accident.

Chapitre X

Le ministère des affaires étrangères

La sphère d'activité de la femme, c'est le ménage. Elle rayonne au dehors, mais tout doit s'y rapporter. L'homme, au contraire, a pour département les affaires extérieures, le maniement des fonds, les fonctions civiles et militaires, les intérêts politiques et industriels, les poursuites de littérature et d'art, les questions de compétition, d'avancement, de succès, de gain, tout ce qui constitue la lutte pour la vie ; et la maison est pour lui le lieu du calme et du repos. C'est une grande faute d'intervertir les rôles ou d'empiéter de l'un sur l'autre: les résultats en sont souvent funestes, et rien ne prête à rire davantage.

Le *Jean-Jean* ne vaut pas mieux que la *virago* ; seulement il est plus ridicule. A une époque où la rudesse des mœurs faisait qu'on n'en venait guère aux gros mots sans en venir aux coups, la *Coutume de Senlis* (1375), entre autres, édictait contre de tels maris cette punition joyeuse :

« *Les maris qui se laissent battre par leurs femmes seront contrains et condemnés à chevaucher sur un âne, le visaige par devers la queue du dit âne.* »

« Il y a, dit La Bruyère, telle femme qui anéantit ou qui enterre son mari, au point qu'il n'en est fait dans le monde aucune mention : vit-il encore, ne vit-il plus ? On en doute. Il ne sert dans sa famille qu'à montrer l'exemple d'un silence timide et d'une parfaite soumission. Il ne lui est dû ni douaire, ni conventions ; mais à cela près, et qu'il n'accouche pas, il est la femme, et elle le mari... Monsieur paie le rôtisseur et le cuisinier, et c'est toujours chez madame qu'on a soupé. »

Tout le monde peut mettre, sous ce portrait, le nom de quelque personne de connaissance, car, pour n'être pas très communs, les ménages institués sur ce modèle se rencontrent un peu partout. On lit dans l'ouvrage anglais *Pensées d'une femme sur les femmes*: « J'entendais un jour une femme mariée dire avec beaucoup de complaisance et de satisfaction: « Oh ! monsieur m'épargne toute la peine dans l'intérieur du ménage ; il fait le menu du dîner, va chez le boucher choisir la viande, paie toutes les notes, tient les comptes de la semaine, et ne me demande jamais de faire quoi que ce soit. » A part moi, je pensais: « Ma chère, si j'étais vous, j'aurais grand'honte et de moi-même et de M. X***. »

Le fait est qu'il n'y a pas à tirer vanité d'un tel renversement de devoirs, qui n'est évidemment qu'un pur désordre.

D'autres s'y prennent plus habilement, parce qu'au lieu d'être simplement des paresseuses ou des frivoles, elles sont ambitieuses et prétendent exercer leur gouvernement sur ce qui les regarde le moins. Madame de Rémusat nous donne le signalement de cette espèce.

« Combien de femmes, dit-elle, toujours prêtes, aux yeux du public, à satisfaire les fantaisies frivoles, à exécuter les ordres de détail, usent l'autorité d'un mari sur une foule de minuties, pour ressaisir la liberté dans les occasions qui les intéressent, et acquièrent, par ce mélange habile de la complaisance et de la ruse, une indépendance très effective », et très dangereuse, ajoutons-le.

Le mari qui s'ingère dans les choses du ménage par esprit tatillon, ou par un sentiment jaloux et déplacé de son autorité, ne fait pas de meilleure besogne. « Il y a beaucoup d'hommes qui exercent ou prétendent exercer une surveillance minutieuse sur les dépenses du ménage: très certainement il vaudrait toujours mieux qu'une femme eût toute l'autorité domestique. Nous sommes faites pour les détails, nous avons le goût et l'intelligence des petites choses, et nous savons mieux que les hommes nous faire obéir des subalternes, tout en commandant avec plus de douceur.[33] »

Ce sont là des raisons ; mais il y en a une autre, celle qu'exprime trivialement, mais énergiquement, le proverbe: « Chacun son métier, etc. » Que fera la femme, si vous lui prenez ses fonctions ? Ne craignez-vous pas qu'elle n'occupe à des pensées ou à des œuvres qui ne sont point faites pour vous plaire, les loisirs que vous lui créez ? Et vous-même, ou vous êtes un membre inutile de la société, n'ayant rien à faire parmi vos semblables, ou

---

[33] Madame de Rémusat.

vous négligez, pour usurper des soins qui ne sont pas les vôtres, les travaux qui vous incombent, les intérêts que vous avez à sauvegarder.

De son côté, suivant la judicieuse remarque d'Horace Raisson, « la femme tire sa considération de celle dont elle sait entourer son époux ; elle doit donc toujours paraître s'en rapporter à ses lumières, surtout en présence de témoins. »

J'ai eu souvent l'occasion d'observer, dans des familles étrangères, la réserve extrême dans laquelle la femme se tient en public vis-à-vis du mari. Jamais un mot de contradiction, d'objection, de doute. Elle n'a pas d'autre avis que le chef de famille ; elle ne parle pas avant lui, et quand il a parlé, tout est dit. Nous sommes loin des discussions, du ton tranchant ou agressif, des interventions personnelles aigre-douces, volontaires ou mutines, de l'étalage bruyant d'importance et d'autorité dont tant de femmes, dans nos ménages français, se font comme un point d'honneur. Eh bien, je ne veux pas contester l'influence de la Française sur les décisions et particulièrement sur l'humeur de son mari ; mais la vérité me force à dire que jamais un homme ne fera rien sans avoir sérieusement consulté dans l'intimité cette femme qui s'efface tellement en public. Elles ont l'une et l'autre la satisfaction qu'elles recherchent: la première a l'influence effective et profonde, le respect et l'estime de son mari ; la seconde, dont on dit: « elle n'a pas froid aux yeux, cette petite femme-là », ou « elle n'a pas sa langue dans sa poche », ou « c'est elle qui le fait filer doux ! » et autres phrases ironiquement admiratives, voit ce même mari, dont elle ferme si lestement la bouche devant la galerie, la dédaigner, parfois la malmener, dans le tête à tête, et ne faire, en somme, que ce qu'il veut.

Un journal littéraire anglais du siècle dernier, le *Tattler*, dit quelque part : « Le bon mari garde sa femme dans une saine ignorance de ce qu'elle n'a pas besoin de savoir. » Et plus loin: « Il ne sait pas grand'chose celui qui dit à sa femme tout ce qu'il sait. »

On aurait grand tort d'en conclure que l'homme doit avoir, en tant que mari et chef du ménage, des secrets pour sa femme. Mais, de même qu'il lui messiérait de demander à celle-ci les comptes minutieux de son administration intérieure et la chronique détaillée de ses rapports quotidiens avec les fournisseurs et la cuisinière, de même—et à bien plus forte raison, car les intérêts d'autrui y sont presque toujours engagés,—ne la tiendra-t-il pas au courant, par le menu, de ses conversations d'affaires, des travaux de son emploi, des faits et gestes de ses commis, des confidences des gens qui le consultent, des intrigues et des *potins* de ses collègues ou compétiteurs. Il risquerait fort, s'il le faisait, de troubler la paix d'esprit de sa femme en même temps que son propre jugement. Sans compter qu'en des cas nombreux il y a de l'indélicatesse, de la déshonnêteté et quelquefois du crime à révéler, même à la moitié de soi-même, ce qu'on a appris dans son bureau administratif ou dans son cabinet de consultation. Dans des cas semblables l'oreille gauche ne doit pas même entendre ce qui est dit à la droite, et le devoir strict est de se taire. Il n'est qu'un seul moyen de tenir ignoré ce qu'on ne veut pas qui soit su: c'est de ne le dire à personne, non pas même à soi, tout bas! Faut-il rappeler l'apologue de Midas?

Bien entendu, il y a, suivant les circonstances, la nature des affaires, le caractère et la portée d'esprit de la femme, des degrés, des tempéraments, des nuances, dont le mari est juge. Autant il est nécessaire de se taire sur ce qui regarde autrui, autant il est toujours doux et souvent utile de parler avec confiance et sincérité de ce qui ne regarde que soi. « Une épouse, dit avec un grand bon sens Madame de Rémusat, doit se complaire dans la conversation d'un mari occupé des affaires publiques. Elle peut avoir d'elle à lui un avis sur son opinion s'il est membre d'une assemblée, sur son livre s'il est écrivain, sur son vote s'il n'est que citoyen ; elle doit entrer dans ses projets relativement aux progrès de la science, de l'art ou du métier qu'il exerce. Eclairée et sensible, dévouée et prudente à la fois, presque toujours la raison s'applaudira de l'avoir consultée, et l'amour lui rapportera une part du succès. »

A un autre point de vue, l'homme a, pour certaines choses laides de la vie, une science et une expérience forcément acquises au contact des autres hommes et dans l'entraînement de plaisirs et de liaisons irrégulières qui, dans notre étrange ordre social, sont pour les jeunes gens comme la préparation nécessaire, l'initiation obligatoire aux vertus de l'homme marié et à la pureté de la vie de famille. Il fera sagement de garder pour lui ses notions spéciales, et de conserver de son mieux à sa femme cette naïveté délicieuse, qui est l'ignorance du mal.

Elle en sera mieux gardée dans son intérieur, pendant que lui travaillera au dehors. La fermentation des idées fausses ou malsaines dans une tête de femme est plus redoutable pour sa vertu que les douces et sollicitantes paroles des séducteurs. Si son imagination est pure, si nulle curiosité maladive ne la met en éveil, le mari, présent ou absent, suffira, avec les devoirs et les soins de son ménage, féconds en saines joies, à occuper son esprit. Si les affaires l'appellent au loin, il pourra, comme le dit Horace Raisson, voyager sans crainte, car il saura que chez lui, là-bas, la femme qu'il a laissée au foyer, la mère de ses enfants, *dimidium animæ suæ*, attend chaque jour avec anxiété l'heure où passe le facteur.

« Qu'il est à plaindre, s'écrie William Cobbett, l'homme qui ne peut pas abandonner tout chez lui, et qui n'est pas bien sûr, bien certain que tout est aussi en sûreté que s'il le tenait dans sa main ! Heureux le mari qui s'éloigne de sa maison et de sa famille avec aussi peu d'inquiétude que l'on quitte une auberge, et qui, à son retour, serait plus surpris d'avoir quelque reproche à faire, qu'il ne le serait si le soleil s'arrêtait tout à coup !... » Puis, parlant pour son compte, il ajoute: « J'ai goûté les plaisirs inexprimables du chez-soi et de la famille, et j'ai joui, en même temps, de la parfaite indépendance du célibataire; sans cette indépendance, je n'aurais jamais pu accomplir tant de travaux, car le plus petit souci domestique m'eût enlevé toute mon énergie. »

Telle est la force de la femme dans le monde. Non seulement elle crée et élève les hommes de l'avenir, mais elle complète et arme pour la lutte, en lui assurant la paix du foyer, son mari, l'homme du présent.

La vie en famille – Comment vivre à deux ?

B. H. GAUSSERON

CHAPITRE XI

LA FÉE DU FOYER

« Milton, disait quelqu'un au grand poète anglais après son troisième mariage, votre femme a la fraîcheur d'une rose. » — « Il se peut, répondit le pauvre poète, mais je suis aveugle et je n'en sens que les épines. »

Ne recherchons pas si l'odorat manquait comme la vue à l'Homère des puritains. Il suffit de constater que sa femme n'était pas tout à fait une Xantippe et qu'en tant que mari, lui n'était rien moins qu'un Socrate.

L'auteur des *Doutes sur différentes opinions reçues dans la société* pose ces deux axiomes à double tranchant:

« Quelques femmes ne peuvent réussir à gouverner leurs maris ; mais il n'y a pas un mari peut-être qui parvienne à gouverner sa femme...

« On voit un petit nombre de maris faire la félicité de leurs femmes ; c'est un phénomène que de rencontrer une femme qui fasse le bonheur de son mari. »

Un moraliste d'une autre envergure, La Bruyère, avait dit déjà plus finement: « Il y a peu de femmes si parfaites qu'elles empêchent leurs maris de se repentir, au moins une fois le jour, d'avoir une femme, ou de trouver heureux celui qui n'en a point. »

Voilà le ton sur lequel bon nombre d'hommes modérés, sensés, quelques-uns doués d'une grande acuité d'observation et d'une remarquable sagacité de jugement, parlent souvent des femmes. D'autres y ajoutent des plaisanteries au gros sel ou des ironies de pince-sans-rire, comme dans ces vers de Pope :

« Grande est la bénédiction d'avoir une femme prudente,
qui met un point d'arrêt aux luttes domestiques.
L'un de nous deux doit gouverner, et l'un obéir,
et puisque, chez l'homme, la raison a tout pouvoir,
laissons cet être frêle, la faible femme, faire ses volontés.
Les épouses, dans toute ma famille, ont gouverné
Leurs tendres maris et calmé leurs emportements. »

L'homme qui ne voit dans la femme que la rivale de son autorité et qui fait du foyer le théâtre d'une lutte mesquine et sotte, répétera ces railleries et y ajoutera, de toute la bonne foi de son cœur égoïste et de son esprit borné.

D'autres les répéteront et y ajouteront aussi, tantôt par fanfaronnade, tantôt par un niais respect humain et parce qu'avec les loups il faut hurler, tantôt enfin pour le seul plaisir de railler, par amour du paradoxe ou de la satire, sans se croire eux-mêmes et sans se soucier qu'on les croie.

Nous qui nous tenons en dehors de ces catégories, qui n'avons d'autre préoccupation que la vérité et ne poursuivons d'autre but que le bonheur du couple humain, nous ne pouvons, tout en constatant des exceptions douloureuses, que sourire à tous ces discours amers ou comiques, et dire ce que nous savons et ce que nous voyons. Tâche aisée, lorsque tant d'autres, illustres par la pureté de leur vie et l'éclat de leur talent, l'ont vu et su avant nous, et que, pour le bien dire, nous n'avons qu'à reproduire leurs paroles.

Voici, par exemple, le portrait de la jeune femme telle que la concevait Fénelon. C'est

M. Octave Gréard qui en a recueilli et rassemblé les traits[34] « fermes et précis, dans le cadre de gentilhommière provinciale où Fénelon la place. » Voyez-la « levée de bonne heure pour ne pas se laisser gagner par le goût de l'oisiveté et l'habitude de la mollesse ; arrêtant l'emploi de sa journée et répartissant le travail entre ses domestiques sans familiarité ni hauteur ; consacrant à ses enfants tout le temps nécessaire pour les bien connaître et leur persuader les bonnes maximes ; ayant toujours un ouvrage en train, non de ceux qui servent simplement de contenance, mais de ceux qui occupent de façon à ne point se laisser saisir par le plaisir de jouer, de discourir sur les modes, de s'exercer à de petites gentillesses de conversation ; s'intéressant à la culture de ses terres ; ne dédaignant aucune

---

[34] Oct. Gréard: *L'Education des Femmes par les femmes* ; Fénelon.

compagnie, car les gens les moins éclairés peuvent fournir, pour peu qu'on sache les faire parler de ce qu'ils savent, un enseignement profitable ; attentive à tout ce qui touche au bonheur du « nombreux peuple qui l'entoure » ; fondant de petites écoles pour l'instruction des pauvres et présidant des assemblées de charité pour le soulagement des malades ; menant au milieu de ces occupations solides et utiles une existence régulière et pleine, plus concentrée qu'étendue, mais non sans élévation morale et animant tout autour d'elle du même sentiment de vie. »

Dans une donnée plus moderne et moins sévère, madame de Girardin nous offre cette charmante esquisse[35]: « Tout est gracieux dans un jeune établissement, tout parle d'amour,

---

[35] *Lettres du vicomte de Launay.*

chaque objet du ménage est un gage d'union. Cette joie du luxe n'est pas de l'orgueil, c'est le premier plaisir de la propriété, c'est la vie intime, c'est la famille, c'est quelquefois même l'amour ; comme on l'aime, cette argenterie et ce beau linge damassé qui vous appartiennent en commun avec le jeune homme que vous appeliez hier monsieur, et qui vous nommait avec respect mademoiselle ! Comme tous ces objets grossiers du ménage deviennent poétiques quand ils vous installent dans votre bonheur, quand ils viennent à chaque instant du jour vous prouver que vous êtes unis pour la vie, et que vous avez le droit de vous aimer ! »

Nous n'attendrons pas qu'on nous dise que toutes les jeunes femmes ne sont pas châtelaines dans des gentilhommières et qu'il en est qui se marient sans argenterie ni linge damassé. Si le milieu est plus humble, les objets seront différents, mais les rapports entre ces objets, aussi bien que les idées qu'ils réveillent, resteront les mêmes. Le ménage de l'ouvrier est aussi riche en joies du cœur que le ménage de l'homme de finances, s'il ne l'est pas davantage. Et même lorsque la misère noire s'abat sur les déshérités et les parias, le dernier morceau de pain dur est moins amer à la bouche de l'homme qui le partage avec celle qu'il aime.

Mais laissons ces situations extrêmes. Si dignes d'intérêt qu'elles soient—et rien ne l'est davantage,—nous ne nous les sommes point proposées pour étude en ces pages qui s'adressent à la moyenne des conditions dans notre état social. Il nous suffit de noter en passant la puissance de la femme pour adoucir la vie de l'homme, même lorsqu'elle est le plus rude, pour l'attirer et le retenir au foyer, même lorsqu'il est éteint et froid.

Analysons, s'il se peut, ce charme souverain. D'où vient-il, et quels en sont les éléments !

« On dit d'ordinaire que la beauté, quelque enchanteresse qu'elle soit avant le mariage, devient une chose indifférente après. Pourtant si la beauté est de telle nature que, non seulement elle attire l'admiration, mais qu'elle contribue à donner à cette admiration la profondeur de l'amour, je ne suis pas de ceux qui pensent que ce qui charmait l'amant doit être, du jour au lendemain, perdu pour le mari. »

Ces paroles de Henry Taylor nous semblent fort sensées. Pour bien les comprendre, toutefois, il ne faut pas oublier que la beauté est chose essentiellement relative. Le sens esthétique peut être satisfait dans les conditions les plus diverses, quel que soit l'âge, quelle que soit même l'imperfection des traits ou des formes. Mais nier qu'il existe ou qu'il ait une influence considérable sur les sentiments, serait nier gratuitement l'évidence.

Il est permis de dire avec le prélat catholique[36]: « La beauté ne peut qu'être nuisible, à moins qu'elle ne serve à faire marier avantageusement une fille. Mais comment y servira-t-elle, si elle n'est soutenue par le mérite et par la vertu ? Elle ne peut espérer d'épouser qu'un jeune fou, avec qui elle sera malheureuse, à moins que sa sagesse et sa modestie ne la fassent rechercher par des hommes d'un esprit réglé et sensibles aux qualités solides. Les personnes qui tirent toute leur gloire de leur beauté deviennent bientôt ridicules: elles arrivent, sans s'en apercevoir, à un certain âge où leur beauté se flétrit, et elles sont encore charmées d'elles-mêmes, quoique le monde, bien loin de l'être, en soit dégoûté. Enfin il est aussi déraisonnable de s'attacher uniquement à la beauté, que de vouloir mettre tout le mérite

---

[36] Fénelon, *De l Education des Filles*.

dans la force du corps, comme font les peuples barbares et sauvages. »

Sans doute ; mais ni la force du corps, ni la beauté ne sont quantités négligeables. Et, à moins que l'on n'ait affaire aux coquettes, la beauté ne se flétrit point si vite et ne devient pas si dégoûtante que Fénelon semble le croire. En tout cas, et quoi qu'en puisse penser le monde, le mari et la femme vieillissent ensemble, mais leurs souvenirs restent jeunes, et, aussi longtemps qu'ils s'aiment, ils se voient avec leurs yeux de fiancés. Elle est, à notre sens, encore plus touchante qu'ironique, l'aimable création du chansonnier qui a pour refrain:

C'était en dix-huit cent,

Souvenez-vous-en...

Nombreux sont les couples qui, jusqu'au bout, se souviennent et vivent dans l'enchantement des premières heures, comme Monsieur et Madame Denis.

Le *Code conjugal* a donc raison lorsqu'il dit:

« Une femme a besoin des grâces pour conserver l'affection de son mari ; elle doit, même chez elle, être toujours mise avec une certaine recherche. Le soin, l'élégance, ont un charme innocent et secret, dont un mari, autant, plus qu'un autre peut-être, ne peut méconnaître l'attrait et la puissance. »

Dans une conférence sur la vie de ménage dans l'antiquité, l'helléniste Egger disait, d'après Xénophon: « Le plus grand charme d'une femme sera toujours la fraîcheur même de la jeunesse et de la bonne santé ; il s'entretiendra d'une manière simple et à peu de frais: que la maîtresse du logis se lève de bonne heure, qu'elle se mêle au travail de ses servantes, qu'elle mette la main à l'œuvre, elle se portera d'autant mieux et vieillira moins vite. »

Grâce, bonne santé, bonne humeur, sympathie, intelligence et amour du travail qui lui est propre, ne sont-ce pas là les éléments essentiels qui font de la femme la joie de l'homme, la protectrice et la directrice bienfaisante du foyer ?

A ce sujet, une Anglaise, d'un grand bon sens qui n'exclut pas la finesse, fait quelques remarques qui méritent d'être rapportées.

« Une maîtresse de maison ne peut pas toujours avoir la parure des sourires, dit-elle fort justement. Il lui incombe parfois de trouver à reprendre, et il arrive à la faiblesse de la nature de ne pas s'en acquitter toujours avec toute la modération et toute la dignité convenables. Ne le faites donc jamais en présence de votre mari. Ne l'ennuyez pas du détail de vos griefs contre les domestiques et les fournisseurs, ni de vos méthodes d'administration intérieure. Mais surtout que rien de ce genre n'aigrisse ses repas, lorsqu'il vous arrive d'être en tête à tête à table. Dans son commerce avec le monde et dans ses affaires, il rencontrera souvent des choses qui ne peuvent manquer de blesser un esprit comme le sien, et qui peuvent quelquefois affecter son caractère. Mais lorsqu'il revient à la maison, qu'il y trouve tout serein et paisible, et que votre gaieté complaisante lui rende la bonne humeur et apaise toute inquiétude et tout ennui.

« Efforcez-vous d'entrer dans ses occupations, de prendre ses goûts, de profiter de ses connaissances ; que rien de ce qui l'intéresse ne paraisse vous être indifférent. C'est ainsi que vous vous rendrez pour lui une compagne et une amie délicieuse, en qui il sera toujours sûr de trouver cette sympathie qui est le ciment principal de l'amitié. Mais si vous affectez de parler de ses occupations comme au-dessus de vos capacités ou étrangères à vos goûts, vous ne sauriez lui être agréable de ce côté, et vous n'aurez plus à compter que sur vos charmes personnels, dont, hélas ! le temps et l'habitude diminuent chaque jour la valeur... Craignez, entre toutes choses, qu'il ne s'ennuie ou se fatigue en votre compagnie. Si vous pouvez l'amener à lire avec vous, à faire de la musique avec vous, à vous enseigner une langue ou une science, alors vous aurez de l'amusement pour chaque heure de loisir, et rien ne nous rend plus chers l'un à l'autre qu'une semblable communauté d'études. Les connaissances, les perfections que vous recevrez de lui seront doublement précieuses à ses yeux, et certainement vous ne les acquerrez jamais avec tant d'agrément que de ses lèvres... Avec un tel maître, vous sentirez votre intelligence s'élargir et votre goût se raffiner bien au delà de votre attente ; et la douce récompense de ses louanges vous inspirera assez d'ardeur et d'application pour surmonter facilement tout défaut de dispositions naturelles que vous pourriez avoir. »

Conseils judicieux qui, s'ils étaient suivis, épargneraient, de part et d'autre, bien des déboires, et, disons le mot, bien des chutes ! Ils ne s'adressent point à toutes, dira-t-on, non sans quelque vérité. Mais, encore une fois, les circonstances changent, et les applications d'un principe juste changent avec elles. C'est aux intéressés d'être assez de bonne volonté et de bonne foi pour en faire une raisonnable adaptation. D'ailleurs, à un point de vue général et, on peut le dire, qui ne souffre point d'exception, nous répéterons avec William Cobbett : « Je défie tout homme actif de pouvoir aimer une paresseuse plus d'un mois. » Un mois, deux mois, un an, plus ou moins, le temps, ici encore, ne fait rien à l'affaire, car il ne sera jamais bien long, et le résultat est toujours certain.

En effet, les femmes « n'ont-elles pas des devoirs à remplir, mais des devoirs qui sont les fondements de toute la vie humaine ? Ne sont-ce pas les femmes qui ruinent ou qui soutiennent les maisons, qui règlent tout le détail des choses domestiques, et qui, par conséquent, décident de ce qui touche le plus près à tout le genre humain.[37] »

Ainsi parlait la vieille sagesse française: « La femme fait un mesnage ou deffait.[38] »

Ainsi disait Charron: « Vaquer et estudier à la mesnagerie, c'est la plus utile et honorable science et occupation de la femme, c'est sa maistresse qualité, et qu'on doit en mariage chercher principalement en moyenne fortune:

---

[37] Fénelon.
[38] E. Meunier, *Trésor des Sentences.*

c'est le seul doüaire, qui sert à ruyner, ou à sauver les maisons, mais elle est rare. »

Et il ajoutait,—ce qui est mélancolique : « Il y en a d'avaricieuses, mais de mesnagères peu. »

Nous croyons qu'il y en a plus que n'en voyait l'élève de Montaigne ; que beaucoup même savent d'instinct toutes les règles que nous exposons et s'y conforment. Car enfin les bons ménages, les maisons prospères ne sont pas tellement rares ; et puisque c'est la femme qui en est la clef de voûte et la cheville ouvrière, il faut bien que, le plus souvent, elle connaisse et remplisse son devoir.

Oui, on ne saurait trop le répéter, « dans toutes les positions de la vie, le bonheur et la prospérité du ménage reposent sur l'activité de la ménagère. Est-elle paresseuse, les domestiques sont paresseux, et ce qui est encore plus funeste, les enfants le seront aussi : on remettra au lendemain à exécuter les choses les plus pressantes, elles seront mal faites, et le plus souvent elles ne le seront pas du tout. Le dîner ne sera jamais prêt. Les courses, les visites ne seront pas faites à temps ; et il en résultera des inconvénients de toute espèce. Il y aura toujours un arriéré effrayant de choses à moitié commencées, ce qui est, même chez les riches, un véritable fléau.[39] »

Le *Code conjugal* donne à ce propos un conseil précieux: Une épouse sage évite de se répandre trop dans le monde, et, par la trop fréquente exigence des petits devoirs de société, de contracter l'habitude du désœuvrement. C'est dans l'intérieur de sa maison que l'on trouve surtout un bonheur solide et réel. « En restant d'ailleurs plus constamment dans son intérieur, une femme habitue son mari à y rester près d'elle. »

---

[39] William Cobbett.

Rien n'est à dédaigner dans les soins du ménage. La femme qui fait fi de certains détails comme trop grossiers et au-dessous d'elle, a l'esprit déplorablement faussé. Combien il avait un plus vif sentiment du beau et des réalités de la vie, l'ancien qui s'écriait:

« La belle chose à voir que des chaussures bien rangées de suite et selon leur espèce ; la belle chose que des vêtements séparés selon leur usage ; la belle chose que des vases de cuivre et des ustensiles de table ; la belle chose enfin (dût en rire quelque écervelé, car un homme grave n'en rira pas) que de voir des marmites rangées avec intelligence et symétrie.[40] »

C'est ce qu'avait admirablement compris la femme supérieure par la beauté et par le

---

[40] Xénophon, cité par Egger.

talent, la grande artiste que fut Fanny Mendelssohn. Rien, fût-ce la musique, dit un de ses biographes, ne rompait le parfait équilibre de sa nature. Toutes les jouissances du cœur et de l'esprit se partageaient ses facultés, aucune ne les absorbait. « Fanny comprenait tout ; elle s'enthousiasmait pour les grandes choses et s'intéressait aux petites ; rien ne lui était étranger ou indifférent. Autant que les beautés de la nature et de l'art, elle sentait les charmes du foyer et la poésie de la vie domestique. L'artiste s'effaçait avec simplicité devant la mère de famille ou la ménagère. Elle ne manquait à aucun de ses devoirs, même les plus humbles. Dans une même journée elle dirigeait un orchestre chez elle et faisait des confitures. Elle quittait son piano pour revoir un mémoire de menuisier, et donnait dans une lettre à sa sœur des détails de musique et des recettes de cuisine ; tout cela sans fausse simplicité, car rien n'était plus étranger à cette nature essentiellement vraie que l'affectation et ce qu'on appelle la pose. »

Ne rions pas de ces recettes de cuisine. Rappelons-nous plutôt le plaisir que nous éprouvons tous devant une table élégante et bien servie, et la maussaderie que nous inspire un dîner tardif ou manqué. Quoi de plus naturel, d'ailleurs, que nous sachions gré à celle qui prend soin de nous assurer une jouissance, et que nous nous sentions mal disposés envers celle qui, s'étant chargée de ce soin, s'en acquitte mal ou ne s'en préoccupe pas ?

« La bonne humeur, chez beaucoup de personnes, dépend de la bonne santé ; la bonne santé de la bonne digestion ; et la bonne digestion d'une nourriture saine, bien préparée, mangée en paix et avec plaisir. Les repas mal cuisinés, malpropres, sont une cause aussi forte de mauvaise humeur que maint ennui moral.[41] »

Michelet, disait avec plus de charme et de sympathie:

« Les femmes, quand elles veulent s'en donner la peine, s'entendent à merveille à administrer le régime, à le varier pour le meilleur entretien de la santé du corps et de l'âme. Elles seules savent encore donner à la table un air de fête. Avec quoi ? Oh ! bien peu de chose. Ce n'est souvent qu'un mets mieux présenté, une fleur sur la salade, un fruit richement coloré. Il n'en faut pas davantage pour réjouir les yeux et vous mettre en appétit. »

---

[41] *A Woman's Thoughts upon Women.*

C'est pourtant de ces petites choses, de ces niaiseries, de ces riens, que le gros du bonheur est fait, et bon nombre d'hommes trouvent là leur idéal de félicité domestique. Aussi, sans retirer ce que nous avons dit ou rapporté à propos de la sympathie intellectuelle si désirable entre la femme et le mari, ne pouvons-nous pas ne pas souscrire à ce conseil d'Horace Raisson: « Une jeune femme fait sagement de ne se mêler que des affaires du ménage, et d'attendre que son mari lui confie les autres. »

Mais encore une fois, lorsque le mari cherchera dans sa femme, comme il le fera toujours pour peu qu'il espère l'y trouver, la confidente et le soutien de ses espérances et de ses efforts, que cet appel à ce qu'il y a d'élevé dans les facultés de son esprit et de son cœur ne lui fasse ni dédaigner ni négliger les fonctions de ménagère et de mère de famille qui, pour humbles qu'elles paraissent, sont en réalité au-dessus de tout. « Une des lettres si reposées que madame Roland écrivait du Clos (23 mars 1785), la montre dans toute l'activité de la vie de famille, s'occupant, au sortir du lit, de son enfant et de son mari, faisant lever l'un, préparant à déjeuner à tous deux, puis les laissant ensemble au cabinet, tandis qu'elle va elle-même donner son coup d'œil dans toute la maison, de la cave au grenier.[42] »

Et l'on sait si son mari avait des secrets pour celle-là.

Une autre, qui savait à quoi s'en tenir, a appelé la gloire le tombeau du bonheur, plus sincère peut-être en ce cri que ne l'était Lamartine lorsqu'il écrivait, toujours en parlant de la gloire, ces vers fameux :

---

[42] Oct. Gréard. *L'Éducation des Femmes par les Femmes ; Madame Roland.*

Plus j'ai sondé ce mot plus je l'ai trouvé vide,
Et je l'ai rejeté comme une écorce aride
Que les lèvres pressent en vain.

Leur véritable gloire, aux femmes, un écrivain inconnu la déterminait au siècle dernier dans un opuscule que n'ouvrent plus que de rares curieux: « Par une prudence soumise, une habileté modeste, douce, adroite et sans art, elles excitent à la vertu, raniment les sentiments du bonheur et adoucissent tous les travaux de la vie humaine.[43] »

Naguère encore le grand poète du siècle, en peignant d'un trait héroïque les matrones de la cité romaine, traçait aux femmes modernes, surtout aux femmes de France, le programme de la gloire où elles doivent tendre:

---

[43] Bénoit Touzelli. *Apologie des Femmes.* Turin, 1798, in-8°.

Ce qui fit la beauté des Romaines antiques,
C'étaient leurs humbles toits, leurs vertus domestiques,
Leurs doigts que l'âpre laine avait faits noirs et durs,
Leurs courts sommeils, leur calme, Annibal près des murs
Et leurs maris debout sur la porte Colline.

Toujours et partout, suivant le mot de Bacon, les femmes, nos épouses, « sont nos maîtresses, durant la jeunesse, nos compagnes quand vient l'âge mûr, et nos nourrices dans la vieillesse. »

Il y a longtemps que l'Ecriture traçait en paroles éloquentes, en métaphores enflammées, le portrait de cette femme idéale, de cette fée du foyer, que sont à des degrés divers toutes les mères de famille dignes de ce nom. Le morceau se trouve partout et nous ne le transcrirons pas une fois de plus. Mais on prendrait peut-être plaisir à en lire la paraphrase faite en vers naïfs par une Poitevine du seizième siècle, Catherine Neveu, demoiselle des Roches. A tout hasard, en voici quelques fragments:

Fuyant le doux languïr du paresseux sommeil
Ell' se lève au matin, premier que le soleil
Monstre ses beaux rayons, et puis faict un ouvrage
Ou de laine ou de lin, pour servir son mesnage,
Tirant de son labeur un utile plaisir...
Ainsi la dame sage ordonne sa famille,
Afin que son mary et ses fils et sa fille,
Ses servants, ses sujects, puissent avoir tousjours
Le pain, le drap, l'argent, pour leur donner secours
Contre la faim, le froid et maintes autres peines
Qui tourmentent souvent les pensées humaines...
Chacun la recoignoist pour ses perfections,

Son mary est prisé en tous lieux de la ville
Pour estre possesseur de femme si gentille :
Elle a dessus sa langue un coulant fleuve d'or,
Et tient en son esprit un précieux trésor
De grâce et de vertus...[44] »

« Qui trouvera la femme forte ? demande l'évêque Landriot. La femme forte qui résiste aux chocs si nombreux de la vie, aux tristesses de familles, aux froissements d'intérieur, et à toutes ces peines intimes qui, semblables aux légions d'insectes en automne, assiègent continuellement le cœur de la femme ; la femme forte qui préside avec une sagesse imperturbable aux travaux de sa maison, aux détails du ménage, aux soins des enfants, à la

---

[44] *La Femme forte.* Imitation de la même de Salomon, dédiée à la Royne mère du Roy (*Les Œuvres de mesdames des Roches, de Poictiers, mére et fille.*) Paris, Langelier, 1579.

surveillance des domestiques et à l'ordonnance de cette multitude de petites affaires qui se succèdent dans la famille aussi rapidement que les nuages dans le ciel ? Qui trouvera la femme forte, plus forte que le malheur, que les coups de la fortune, que les calomnies, que la malignité humaine ; et qui, après le passage de toutes les vagues, demeure comme la colonne en mer pour éclairer et fortifier les pauvres naufragés ! »

Heureux, inexpressiblement heureux celui qui n'a qu'à regarder à son côté pour répondre: La voilà !

C'est autant à l'un qu'à l'autre des deux époux qu'il appartient de faire qu'un tel bonheur ne soit pas rare.

Chapitre XII

La grande joie

Le mythe biblique de la formation de la femme tirée de l'homme, chair de sa chair, os de ses os et sang de son sang, a une profonde signification. L'homme sans la femme n'est pas complet, il lui manque quelque chose de lui-même, et ce n'est que par son union avec la femme que se constitue vraiment l'unité de l'être humain. C'est aussi par là que s'assure physiologiquement la perpétuité de la race ; et, comme il arrive chaque fois que les conventions sociales sont d'accord avec la nature, le but social du mariage aussi bien que la suprême joie des époux, c'est l'enfant.

L'enfant, nous lui avons consacré, dans le cours de ces essais, bien des chapitres et même un volume tout entier.[45] Nous nous garderons de notre mieux de tomber dans des redites, n'ayant à le considérer ici que comme un facteur nouveau dans les éléments ordinaires et prévus de la vie à deux.

Un adage français du seizième siècle, souvent repris et commenté sous différentes formes, disait: « Enfans sont richesses de pauvres gens. » Et les commentateurs d'ajouter, pour ceux dont l'esprit est lent, qu'en effet les enfants des gens pauvres, et plus particulièrement des paysans, coûtent peu à nourrir, aident les parents dès leur bas âge, remplacent les valets de ferme, augmentent par leur travail les produits de l'exploitation, et sont ainsi source de richesses pour les pauvres.

---

[45] *Comment élever nos enfants ?* Librairie illustrée, 1 vol. in-18.

Ce sont là raisonnements d'économistes. Nous en apprécions la valeur, mais nos préoccupations, pour le moment du moins, ne se portent pas de ce côté. A notre point de vue,—celui des mères,—les enfants sont richesses pour tous. Richesses de cœur, trésors d'affections, vivants réservoirs de tendresse, sanction définitive de l'union des époux, qui renouvelle et perpétue leurs premiers sentiments d'amour.

« Le mariage sans enfants, c'est le monde sans soleil », a dit Luther.

Un romancier contemporain, qui, sans doute, ne songeait guère au mot du fameux réformateur, fait dire à un de ses personnages:

« Le ménage sans enfants, quelle hérésie ! C'est plus tard, devant le foyer vide, devant la glace des cendres froides, le tête à tête d'une vieille fille et d'un vieux garçon, deux vieux égoïstes, tout à leurs manies, à leurs rhumatismes, à leurs grincheries longuement aiguisées l'une contre l'autre comme deux lames de couteaux, tout au sentiment de leur inutilité dans la société, sans la douceur d'êtres à aimer, d'enfants, de petits-enfants, de toute cette vie neuve et fraîche, sortie de vous, coulée de votre sang, et vous rappelant votre enfance, votre jeunesse, adoucissant votre vieillesse de la caresse de ressouvenirs ?... Ah ! allez ! Qu'est-ce qui peut rattacher à la vie, sans cela ?...[46] »

Il semble que les choses mêmes s'animent, s'illuminent à la présence de l'enfant. Lamartine a rendu cette impression subtile et vraie, ce *sunt gaudia rerum*, avec une émotion singulièrement communicative, quand il parle du temps

---

[46] Gustave Toudouze.

Où la maison vibrait comme un grand cœur de pierre
De tous ces cœurs joyeux qui battaient sous ses toits,
et où
La vie apparaissait rose, à chaque fenêtre,
Dans les beaux traits d'enfants nichés dans la maison.

Un moraliste, qui s'est sérieusement occupé des questions qui touchent à la famille et que nous avons déjà cité, M. Armand Hayem, met sous nos yeux le contraste que présente la maison sans enfants à côté de la famille féconde.[47]

« La stérilité, de quelque cause et de quelque part qu'elle vienne, en laissant une place vide dans le ménage, dénature le mariage et fait

---

[47] Arm. Hayem, *Le mariage*.

perdre souvent tout sens moral à la femme. La maternité est si bien faite pour elle, qu'avec la maternité, tout l'être féminin est emporté et anéanti. Il n'est point de mari, si aimé qu'il soit, qui puisse faire jaillir ce flot de tendresse inépuisable, de dévouement constant, d'amour qui tient aux entrailles ; et il n'est point de femme qui puisse contenir longtemps ce flot dans son cœur sans le briser. Comprend-on tout ce qu'est l'enfant et tout ce qu'il peut sur la femme ? Qu'est-ce que le lit nuptial sans le berceau ? Une couchette d'amour ! Mais le berceau ? C'est la mère, c'est la famille !—On le croit vide et la femme y a déposé, dès le premier jour, son amour, son espérance: l'avenir !—Et si l'enfant ne vient pas, c'est tout cela qui meurt pour la femme et qu'elle ensevelit dans son âme.—Le pouvoir de l'enfant est immense.—Qui est-ce qui retient la femme au foyer ? Qui est-ce qui y ramène le mari ? Qui est-ce qui apaise toute querelle, fait taire toute colère, provoque tout pardon ; rapproche, unit, enlace, entraîne ?—Qui est-ce qui absorbe tout le cœur et tout le cerveau de la mère ? Qui est-ce qui retient la femme près de céder au séducteur ?—L'enfant !—il est l'âme du ménage, la vie de l'intérieur, l'attrait de l'homme, l'ange de la paix domestique, l'idole de la femme, la lumière de sa conscience, le plus sûr gardien de l'honneur conjugal. »

Dans les *Instructions de M. Ferrand à son fils*, le père, pour mettre le jeune homme en garde contre la passion du jeu et lui montrer comme elle dépouille sa victime de tout sentiment humain, rapporte une lugubre anecdote: « Un très gros joueur de Paris, dit-il, laissait en province, dans une petite terre, sa femme et trois enfans, pendant que tous les jours il diminuait ou risquait leur fortune. Sa femme, instruite des pertes énormes qu'il faisait, et n'espérant plus le ramener par ses exhortations, lui envoya une très belle tabatière, sur laquelle elle avait fait peindre ses trois enfans avec cette devise: *Souvenez-vous d'eux*. C'était lui rappeler une idée qui devait l'arrêter à tout moment. Mais la passion du jeu fut plus forte que l'amour paternel ; et après avoir perdu tout son bien, la tabatière fut la dernière chose qu'il joua et perdit. »

Encore l'avait-il gardée pour suprême enjeu.

Hélas ! de tout temps et en tout pays on a pu faire la remarque exprimée par le grand poète dramatique anglais en des termes dont Philarète Chasles a su rendre la poignante énergie:

« Le tissu des vices humains est mêlé de vertus, le tissu des vertus humaines est mêlé de crimes ! »

Mais laissons de côté les éternelles victimes des passions, ceux qui, trop dénués de résistance, trop mous de volonté, tournoient sous leur souffle comme le sabot sous le fouet. Qu'on les plaigne ou qu'on en ait horreur, laissons flotter à la dérive ces épaves d'humanité. Il n'en est pas moins vrai que l'enfant est le couronnement de la famille, le lien le plus fort entre les époux et leur meilleure joie, à tous les degrés de l'échelle sociale. « Les devoirs de la maternité, écrit fort justement un journaliste,[48] sont les meilleurs agents de la moralisation populaire. Les mioches font revenir le père au foyer. C'est à eux que pensent les parents, quand ils portent leurs économies à la caisse d'épargne.

« Par les beaux dimanches d'été, les ménages d'ouvriers reviennent de la banlieue. C'est à peu près leur seul plaisir. La femme tient dans ses bras un bébé endormi. L'homme porte, sur sa robuste épaule, un gros garçon aux joues roses, tout fier d'être si commodément perché.

---

[48] Edmond Deschaumes, *Estafette*, 14 juin 1888.

Il n'y a place, sur ces figures satisfaites, ni pour la haine, ni pour l'envie. « J'en marie le plus que je peux ! » me disait l'un des maires les plus intelligents de Paris. Développez donc chez l'homme et chez la femme le sentiment de la famille. Celui qui aime ses enfants, qui gagne à peu près sa vie en mettant quelques sous de côté, est bien près du bonheur. Je sais des bébés qui ont mieux fait comprendre à leur père la véritable question sociale que tous nos beaux parleurs réunis. »

Eh ! oui, comme le disait Horace Raisson, « qui aime tendrement ses enfants aime nécessairement sa femme », et il n'y a rien encore qui ressemble au bonheur comme l'amour.

C'est dans de telles conditions que l'on peut en toute sécurité conclure avec le même auteur: « Si le mariage a ses chagrins, ses inquiétudes, il est le seul état aussi où l'on puisse espérer de réunir les douceurs de l'amitié, les plaisirs des sens et ceux de la raison ; où l'on jouisse enfin de toute la somme de bonheur que la nature humaine puisse thésauriser. ».

« O Hymen ! s'écriait le poète Southey, guérison de tous les maux, source de toutes les joies !

Of every woe the cure,

Of every joy the source !

Mais, pour lui comme pour nous, derrière le Dieu Hymen, venait toujours la déesse Lucine.

B. H. GAUSSERON

Chapitre XIII

Les hémisphères de Magdebourg

Rapprochées par l'amour, liées par la communauté des intérêts, les habitudes de la vie quotidienne, les douleurs et les joies éprouvées ensemble, encore plus que par les conventions et les lois, cimentées par la venue d'enfants qui sont comme la prolongation de leur être au delà de lui-même dans l'espace et dans le temps, les deux moitiés du groupe conjugal, mari et femme, sont désormais indissolublement unies. On peut les comparer à ces hémisphères de métal que la machine pneumatique soude tellement l'un à l'autre que toute force est impuissante à les séparer. S'il y pénètre un peu d'air, il est vrai, tout est détruit: la sphère, parfaite tout à l'heure, se fend et retombe en deux fragments qui gisent inertes sur le sol, lorsqu'ils ne s'y brisent pas. Mais pourquoi l'air, c'est-à-dire les dissentiments, les querelles, les outrages, la haine ou l'indifférence, pire que la haine, y pénétrerait-il, si ni l'un ni l'autre des époux ne donne la secousse qui ouvrira le robinet ? Et pourquoi le feraient-ils lorsqu'ils ont une fois goûté l'ineffable joie de vivre deux en un, et de revivre en ses enfants ?

Madame Necker qui, suivant le dire de M. O. Gréard, était, « aux yeux de tous les contemporains, l'expression de ce qu'à la fin du dix-huitième siècle l'esprit français offrait de plus honnête et de plus sain », a écrit des *Réflexions sur le Divorce* où elle expose les caractères qui doivent, à son sens, offrir les meilleurs ménages, les véritables *hémisphères de*

Magdebourg conjugaux. Nous empruntons à l'auteur si fin et si autorisé de *l'Éducation des Femmes par les Femmes*,[49] l'analyse qu'il donne de ce morceau. Elle pose en principe tout d'abord que les meilleurs ménages sont ceux qui « à l'origine sont formés par la conformité des goûts et par l'opposition des caractères » ; mais elle n'admet pas que les caractères ne puissent arriver à se fondre. « Les Zurichois, raconte-t-elle agréablement, enferment dans une tour, sur leur lac, pendant quinze jours, absolument tête à tête, le mari et la femme qui demandent le divorce pour incompatibilité d'humeur. Ils n'ont qu'une seule chambre, qu'un seul lit de repos, qu'une seule chaise, qu'un seul couteau, etc., en sorte que, pour s'asseoir, pour se reposer, pour se coucher, pour manger, ils dépendent absolument de leur complaisance réciproque ; il est rare qu'ils

---

[49] M. Octave Gréard.

ne soient pas réconciliés avant les quinze jours. » Ce qu'elle préconise sous le couvert de cette espèce de légende, c'est le mutuel sacrifice qui forme, par l'habitude, le plus solide des attachements et engendre la réciprocité d'une affection inséparable ; elle compare le premier attrait de la jeunesse au lien qui soutient deux plantes nouvellement rapprochées ; bientôt, ayant pris racine l'une à côté de l'autre, les deux plantes ne vivent plus que de la même substance, et c'est de cette communauté de vie qu'elles tirent leur force et leur éclat.

« Dans les *Avis d'un père à sa fille*, le marquis de Halifax, inquiet de voir se multiplier les exemples de séparation conjugale, proposait d'instituer une cour de justice composée de femmes et chargée de prononcer souverainement entre elles sur les cas de désunion. Rousseau, par sa doctrine du libre choix en dehors du ménage, laissait l'épouse arbitre suprême de ses propres sentiments et l'autorisait à se faire honneur de ses écarts comme d'une vertu, sauf à lui inspirer ensuite un remords inutile. Madame Necker soumet simplement le mariage à la loi du devoir, en attachant à l'observation de cette loi les joies intimes qui sont, pour l'un et l'autre sexe, le prix du devoir fidèlement accompli. »

Comme madame Necker a raison ! J'en appelle à tous ceux qui en ont fait l'expérience, quelque chemin qu'ils aient pris.

« Il est tres certain, dit le loyal gentilhomme de La Hoguette, qu'il est assez difficile d'avoir un même toit, un même foyer, une même table, un même lit, mêmes intérêts, mêmes enfans, et de vivre heureux sans avoir une même volonté. Toutes ces circonstances fournissent de moment en moment une nouvelle matière d'amour ou de haine, selon que les mariages sont bons ou mauvais. C'est pourquoi nous ne voyons point d'affection dont l'estrainte soit plus ferme que celle d'une bonne femme et d'un bon mari ; parce qu'étant toujours ensemble ils se rendent à toute heure mille petits offices l'un à l'autre, qui sont autant de liens communs qui font de nouveaux nœuds en l'ame, dont l'un ne se relâche jamais que l'autre ne se resserre. »

Et de fait, « il arrive souvent que le meilleur ami d'un homme est sa femme. » Horace Raisson n'est pas le seul à l'avoir remarqué. C'est même ce qui devrait arriver toujours.

Madame de Rémusat l'indique avec non moins de noble fermeté que d'ingénieuse précision, lorsqu'elle écrit: « Une femme qui a su découvrir le secret des qualités ou des faiblesses de son mari, parviendra sans le blesser à l'avertir pour le bien de tous deux. Dans l'occasion, elle calmera son impétuosité ou pressera son indolence ; s'il le faut, elle lui indiquera les vertus mêmes qui ne lui manquent qu'à cause d'elle ; elle saura, par exemple, le préserver du repentir en consacrant d'avance, par un généreux consentement, le sacrifice d'une situation brillante dont la perte n'afflige souvent un mari que pour sa femme ou ses enfans. Un père, placé entre son devoir et le bien-être de sa famille, pourrait être tenté de transiger ; sa conscience et sa tendresse doivent être en repos, si l'amour maternel a accepté son sacrifice.

« ... Je ne sais pas de spectacle plus touchant, qui découvre mieux ce qu'il y a de beau dans le cœur humain, que celui d'un citoyen placé entre un sentiment patriotique et les intérêts d'une famille digne d'être chérie: prêt à braver le malheur ou le danger, il hésite toutefois, mais non à cause de lui... C'est alors que les paroles courageuses de sa compagne viendront terminer ses incertitudes. Ou le pouvoir de la vertu n'est qu'un rêve, ou dans un pareil moment elle donnera à deux êtres qui s'entendent des émotions si supérieures, si pénétrantes, qu'elle les placera dans une région où le malheur ne porte pas. »

Ces sentiments élevés, ces fiers mouvements de l'âme qui font, de la famille, la première assise des remparts de la patrie, et des deux époux, des héros, ne sauraient trop s'exalter à l'heure douteuse où nous sommes. L'égoïsme domestique ou familial—qu'importe le nom—plus pernicieux aux nations que l'égoïsme individuel, les avait naguère relégués trop loin au second plan. Si, comme nous le croyons, ce fut une cause de nos désastres, le châtiment a été sévère et suffira. Les hommes savent aujourd'hui partout en France, qu'on protège mieux sa femme et ses enfants en mourant pour eux qu'en tendant le front au joug de l'ennemi pour l'attendrir. Partout les femmes françaises sentent dans leurs entrailles de mère qu'il n'est pas de sacrifice, si douloureux soit-il, qui les trouve faibles lorsque le salut de la race est à ce prix.

Écoutez cette courte histoire, si simplement racontée par Stendhal.

« La plus jolie femme de Narbonne est une jeune Espagnole, à peine âgée de vingt ans, qui vit là fort retirée avec son mari, Espagnol aussi et officier en demi-solde. Cet officier fut obligé, il y a quelque temps, de donner un soufflet à un fat ; le lendemain, sur le champ de bataille, le fat voit arriver la jeune Espagnole ; nouveau déluge de propos affectés: « Mais, en vérité, c'est une horreur ! Comment avez-vous pu dire cela à votre femme ? Madame vient pour empêcher notre combat !—*Je viens vous enterrer !* » répond la jeune Espagnole.

« Heureux le mari qui peut tout dire à sa femme ! »

Heureuse et grande la femme qui peut tout entendre de son mari !

Un Allemand[50] a dit, avec un luxe de comparaisons un peu outré, j'en conviens, mais de nature à faire quelque impression, me semble-t-il, sur l'imagination vive et tendre des femmes: « Le mari et la femme doivent être comme deux flambeaux brûlant ensemble, qui jettent dans la maison une plus vive lumière, ou comme deux fleurs odorantes attachées dans le même bouquet, pour en augmenter le doux parfum, ou comme deux instruments bien accordés qui, en jouant ensemble, font une musique d'autant plus mélodieuse. Le mari et la femme, qu'est-ce, sinon deux sources qui se rencontrent et se mêlent, de façon à ne former qu'un même courant ? »

Qu'on ne redoute pas, d'ailleurs, la monotonie que produit la répétition ou la

---

[50] W. Secker.

persistance des sentiments, l'ennui, le dégoût qu'amène le cours du temps à travers une existence où les affections ne changent ni de nature ni d'objets. « Il y a des redites pour l'oreille et pour l'esprit ; il n'y en a point pour le cœur. » Si l'ironique, le désabusé, le pessimiste Chamfort a dit cela, lui qui se plaisait surtout à sonder le cœur humain dans ses mauvais replis, c'est que la vérité l'y contraignait.

Vieilles amours et vieux tisons
Se rallument en toutes saisons.

déclare un dicton plein du bon sens de nos aïeux.

« Quand on répète, écrivait Jules Simon dans le *Devoir*, que l'amour est remplacé, à la fin, entre les époux, par une solide amitié, on veut dire seulement que les sens s'apaisent ou s'épuisent: car l'amour conjugal conserve tous les autres caractères de l'amour. »

Et il ajoutait ce que tout ce livre est destiné à affirmer et à prouver: « N'en médisons pas, ne le dédaignons pas. Il n'y a sans lui ni dignité ni bonheur au foyer domestique. »

Le poète[51] le sait bien lorsqu'il esquisse ce riant et touchant tableau:

Vois ces deux époux dont la tête tremble
Marcher côte à côte, heureux, sans parler,
A force de vivre à toute heure ensemble,
Vois, ils ont fini par se ressembler.
Descendons comme eux la pente insensible,
Laissons naître et fuir les brèves saisons.
En ne nous quittant que le moins possible,
Nous ne verrons pas que nous vieillissons.
C'est la récompense ; on peut la prédire.
Les amants constants gardent, et très tard,
Sur leur lèvre pâle un jeune sourire,

---

[51] François Coppée.

Dans leurs yeux fanés un jeune regard.
Au fond du foyer, braise encor vivante,
Toujours la tendresse en eux brûle un peu.
L'habitude, honnête et bonne servante,
Ne laisse jamais s'éteindre le feu.
Leurs derniers printemps ont pour hirondelles
Les souvenirs chers de l'ancien bonheur.
Pour ne pas vieillir, soyons-nous fidèles,
Tendre et simple amie, ô cœur de mon cœur !

Nous ne troublerons pas, par des développements désormais inutiles, la délicieuse impression que laissent ces vers. Mais peut-être nous sera-t-il permis de répéter un mot charmant sorti du cœur même de notre douce France:

Vieil en amours, hyver en fleurs.[52]

---

[52] G. Meurier.

Chapitre XIV

Home ! Sweet home !

« Pour mon compte, dit J. Michelet dans son Journal, je ne comprends que deux femmes: celle qu'on peut associer à ses pensées, peut-être même à ses travaux ; ou bien, la modeste ménagère qui, le jour, gouverne son petit royaume. Le soir, je la vois assise près de la table de travail. Elle file. A deux pas, le berceau, qu'elle endort au doux ronflement de son rouet. »

On a vu que ces deux femmes peuvent n'en faire qu'une, et c'est alors surtout que la joie et le calme de l'intérieur sont assurés.

Dans les classes où le travail de l'homme est insuffisant et doit être augmenté, pour entretenir la famille, des fruits du travail de la femme, on a remarqué que rien ne vaut le labeur fait à la maison, auprès des enfants, et, s'il se peut, de concert avec le mari. Malheureusement, les nécessités de notre état économique sont telles que femme et homme doivent souvent se quitter dès le matin, aller à des ateliers différents et ne se retrouver que le soir, harassés et moroses, devant un ménage en désordre et un âtre éteint. Les enfants se sont, pendant ce temps, gardés comme ils ont pu: tantôt la sœur aînée, fillette de sept à huit ans, veille sur ses petits frères ; tantôt c'est une vieille du voisinage qui aurait grand'besoin d'une garde-malade pour elle-même: ou bien la mère, en courant au travail, s'arrête devant la crèche ou l'asile du quartier et y met les plus petits, et les plus grands vont à l'école lorsqu'ils ne s'arrêtent pas en chemin à recevoir l'éducation du ruisseau. La maison n'est plus qu'une tanière où l'on se réfugie le soir, et le lit conjugal qu'un grabat où s'étendent, dans la torpeur, les membres fatigués. L'homme prend son repas à la gargote, se chauffe et se surchauffe chez le distillateur, ne rentre plus qu'ivre et sans le sou, bat sa femme, bouscule ses enfants et cuve son eau-de-vie jusqu'au lendemain. Dix fois sur vingt la femme finit par en faire autant.

Ce lugubre tableau a été tracé bien des fois par des pinceaux plus vigoureux que le nôtre. Mais il était utile de le remettre sous les yeux de nos lecteurs, pour leur faire mieux comprendre le bienfait inappréciable qu'est pour le pauvre et le travailleur un intérieur propre et bien tenu.

« Je ne crois pas qu'on triomphe de l'alcoolisme par l'augmentation des droits sur l'alcool, dit Jules Simon. Ceux qui ont l'habitude de boire auront recours à des poisons plus grossiers et on n'aura fait qu'aggraver leur maladie. Ils s'adonnent presque tous à l'ivrognerie, parce que leurs maisons sont des taudis abominables auprès desquels les cellules des prisonniers sont des paradis. On ne videra les cabarets qu'en rendant la maison du pauvre habitable. Le vrai remède à la plupart des maux dont nous souffrons est la reconstitution de la vie de famille. »

Tout le monde y trouverait son compte, d'ailleurs, et la richesse publique en augmenterait. M. Armand Hayem met en pleine lumière cette vérité: « Comme la famille offre la première image du groupe social, dit-il, elle offre aussi celle du groupe industriel. La maison devient l'atelier le plus productif, celui où règne le plus grand ordre, où le travail se divise le plus naturellement, où tout est épargné, ménagé, recueilli: le temps, la force, la matière, l'excédent ; où se réfugie et s'observe la morale simple et attrayante. Tous les économistes conviennent que la famille est la meilleure combinaison de travail et l'atelier qui fournit la plus grande somme de produits avec le moins de frais. »

Rabelais, le grand railleur qui, par une ironie plus amère que tout le reste, n'a pas voulu, dans son livre qui comprend tout, faire entrer l'amour, dit pourtant quelque part avec une sorte de gravité émue venant peut-être d'un retour sur lui-même: « Là où n'est femme, j'entends mère de famille et en mariage légitime, le malade est en grand estrif. » Hélas! le malade c'est l'homme, même quand il se porte bien. L'*estrif*, l'embarras, le danger, l'amertume de la vie ne saurait s'amoindrir ou s'adoucir pour lui tant qu'il est seul.

Au contraire, il y a une telle félicité dans la vie commune de l'homme et de la femme s'aimant, se soutenant et s'aidant à travers les plus rudes épreuves, que William Cobbett a pu écrire sans être taxé de paradoxe:

« Quand on a vu, comme moi, le pauvre laboureur rentrer à la nuit tombante par la petite porte de son jardin, les épaules chargées d'une provision de bois pour un ou deux jours, au moment où plusieurs jolies créatures, qui étaient depuis longtemps à guetter l'approche de leur père, se précipitent dans la chaumière pour annoncer la joyeuse nouvelle, et reviennent encore plus vite pour voler à sa rencontre, grimper sur ses genoux, ou se suspendre à ses vêtements ; quand on a vu des scènes comme celle-ci, des scènes que j'ai souvent contemplées avec un sentiment de bonheur toujours nouveau, on se demande si une vie de privations n'est pas préférable à une vie d'aisance, et si des rapports constants et directs avec ses enfants, rapports que rien ne vient troubler, ne sont pas préférables à ceux en travers desquels viennent se placer précepteurs et domestiques, ce qui ne peut que produire une diminution d'affection. »

Les Anglais passent pour avoir réalisé l'idéal de la vie de famille, de la vie du *home*, comme ils disent. Le *home* n'aurait, à ce qu'on prétend, aucun équivalent dans les autres langues, particulièrement dans la nôtre. On oublie que ce terme est un mot allemand (*heim*) ; et, quand les Romains combattaient *pro aris et focis*, quand nous, Français, nous mettons au-dessus de tout l'honneur et la paix du *foyer*, il paraît qu'il reste encore dans le *home* de nos voisins britanniques quelque chose que ni les Romains, ni nous, n'avons jamais connu. J'ai beau chercher, je ne trouve pas ce que peut être ce quelque chose, si ce n'est la banalité. Le *home* anglais est, en effet, la plupart du temps, grand ouvert—non pas gratis—à l'étranger. Pour quelques shillings ou quelques livres sterling—suivant le genre de vie—par semaine, le premier venu y trouve le vivre et le couvert, *board and lodging* ; de sorte qu'on a pu dire que, dans le Royaume-Uni, toute bonne ménagère se double d'une maîtresse d'hôtel.

Quoi qu'il en soit, la vie du foyer, l'existence à deux, reflétée et répercutée dans les enfants, a été de tout temps chantée avec enthousiasme par les poètes anglais. Écoutons-en quelques-uns, parmi les moins connus.

Doux est le sourire du foyer, dit Kable ; le regard qu'on se renvoie,
quand les cœurs l'un de l'autre sont sûrs ;
douces toutes les joies qui se pressent dans le nid du ménage,
séjour de toutes les pures affections.
Moins lyrique, Cotton écrit une strophe qui sent le polémiste:
Bien que les sots méprisent le doux pouvoir de l'Hymen
nous, qui rendons encore meilleures ses heures dorées,
nous savons, par une aimable expérience,
que le mariage, justement entendu,

donne à ceux qui sont tendres et bons
le paradis ici-bas.
Ford reprend:
les joies du mariage sont le ciel sur la terre,
le paradis de la vie,... le repos de l'âme,
le nerf de la concorde,...
l'éternité des plaisirs.
Voici une rafraîchissante scène d'intérieur tracée en cinq vers par J. S. Knowles:
... Oui, un monde de bien-être
gît dans ce seul mot—la femme ! Après une journée de luttes,
revenir l'esprit excédé, à la maison, le soir,
et trouver le feu joyeux, le doux repas,
où, orné de joues et d'yeux brillants de bonheur,
l'amour s'assied et, de son sourire, éclaire toute la table !
Quoi de plus doux, et que rêver au-delà ?
Certes, on peut le répéter avec Moore:
C'est une félicité au-delà de tout ce qu'a raconté le poète,

lorsque deux êtres, enchaînés dans ce céleste lien,
le cœur jamais changeant, et le regard jamais refroidi,
s'aiment à travers toutes les épreuves, et s'aiment toujours jusqu'à la mort !
Une heure d'une passion si sainte vaut
des siècles entiers de joie vagabonde, où le cœur n'est pour rien ;
et, oh ! s'il est un état Elyséen sur terre,
c'est celui-là, c'est celui-là !

Rien d'étonnant à ce que les élus qui goûtent ce plein bonheur terrestre soient portés à s'y absorber, à s'y confiner, oubliant le monde qui les entoure. Sans doute, on n'a pas le droit de s'enfermer en égoïstes dans sa double félicité, et la vie à deux n'a de vertu que parce qu'elle constitue, nous l'avons déjà dit plus d'une fois, la véritable unité sociale. D'ailleurs, ce danger d'isolement est petit, car bien rares sont ceux qui peuvent se passer de leurs semblables, et qui sont en mesure de profiter des services sociaux sans être obligés, à leur tour, de rendre personnellement et directement, par un travail quelconque, au moins une partie de ce qu'ils en retirent. Ceux-là mêmes ne sont pas inutiles, et il ne faudrait pas trop rigoureusement condamner l'égoïsme de leur félicité. On l'a fait remarquer, non sans raison, « un homme vertueux, une femme estimable, plus unis encore par le bonheur dont ils jouissent que par leurs serments, se séparent volontiers de la société pour être entièrement l'un à l'autre, mais ils ne sont pas perdus pour elle : ils peuvent y servir d'exemple.[53] »

Il n'en est pas moins vrai que les devoirs multiples de la vie sociale s'accordent parfaitement avec les obligations et les joies de

---

[53] L. C. d'Arc, *Mes Loisirs*.

la vie à deux. Nous n'en voulons pour témoignage que ce que le comte Beugnot, dans ses *Mémoires*, raconte de madame Roland, une des femmes qui, comme on sait, jouèrent le plus grand rôle dans les affaires publiques de notre pays. « Personne ne définissait mieux qu'elle les devoirs d'épouse et de mère, et ne prouvait plus éloquemment qu'une femme rencontre le bonheur dans l'accomplissement de ces devoirs sacrés. Le tableau des jouissances domestiques prenait dans sa bouche une teinte ravissante et douce ; les larmes s'échappaient de ses yeux lorsqu'elle parlait de sa fille et de son mari. »

Nous trouvons dans le *Journal* de J. Michelet une scène plus humble, mais non moins touchante, et dont la place est naturellement marquée ici. Il s'agit des concierges de la maison qu'il habitait alors, et il rapporte avec émotion ce dont il fut, un soir, le témoin invisible et discret.

« Le mari travaille tout le jour au dehors. Elle, garde la loge, surveille le va-et-vient des locataires, répond aux questions des survenants, soigne le ménage et l'enfant encore trop jeune pour aller à l'école. Ce soir-là donc, le mari me précédait de quelques pas. La nuit tombait. Il entre dans la loge éclairée par un beau feu de cheminée, et jette, avec sa casquette, ce mot bref: « Me voilà ! » C'est tout son salut: ni mollesse, ni sensiblerie, et pourtant, que de choses tendres pour les siens, dans ces deux mots: « Me voilà ! » Cela voulait dire: « Enfin, je vous retrouve, vous, et ma maison ! » Cet homme, évidemment, a connu la tristesse des repas solitaires, ces repas,—j'en sais quelque chose,—où le miel même garderait une saveur amère. On sentait sa joie que ce temps fût passé pour ne plus revenir. L'enfant s'était emparé de ses genoux, et, de ses petites mains, caressait sa rude barbe. Elle, bien plus affinée que lui visiblement, était sa fête. Elle allait et venait de la cheminée à la table. Il y avait de la grâce dans ses moindres mouvements. Cette jolie scène d'intérieur m'a rappelé le vers d'Horace: *Mulier pudica exstrua lignis vetustis focum sacrum sub adventum viri lassi.* »

Ainsi rien n'égale le contentement de la vie à deux, lorsque les époux, par une étude qui leur doit être chère, par des sacrifices mutuels que l'amour rend faciles et doux, sont arrivés à élaguer les causes d'aigreur et de dissentiment, et se sont fondus l'un dans l'autre jusqu'à réaliser ce qu'il y a de profond dans ce mot, si souvent dit à la légère, *être unis*.

Un poète délicat a donné avec une grâce pénétrante l'impression de ce sentiment exquis dans un sonnet qui mérite de rester à côté de celui qui a seul fait jusqu'ici surnager le nom de Félix Arvers.

J'avais toujours rêvé le bonheur en ménage,

Comme un port où le cœur, trop longtemps agité,
Vient trouver, à la fin d'un long pèlerinage,
Un dernier jour de calme et de sérénité.
Une femme modeste, à peu près de mon âge,
Et deux petits enfants jouant à son côté ;
Un cercle peu nombreux d'amis du voisinage,
Et de joyeux propos dans les beaux soirs d'été.
J'abandonnais l'amour à la jeunesse ardente ;
Je voulais une amie, une âme confidente,
Où cacher mes chagrins, qu'elle seule aurait lus ;
Le ciel m'a donné plus que je n'osais prétendre ;
L'amitié, par le temps, a pris un nom plus tendre,
Et l'amour arriva qu'on ne l'attendait plus.

Le paradis terrestre, dit un proverbe arabe qui nous servira de conclusion, se trouve pour l'homme dans les livres de la sagesse, dans les œuvres de l'art, et dans le cœur de la femme.

La femme le trouvera, sans qu'aucune autre source de joies honnêtes lui soit fermée d'ailleurs, dans les œuvres de son ménage, dans l'amour de ses enfants et dans le cœur de son mari.

FIN

La vie en famille – Comment vivre à deux ?

www.ingramcontent.com/pod-product-compliance
Lightning Source LLC
Chambersburg PA
CBHW050126170426
43197CB00011B/1733